2022年
工程建设企业和项目质量管理情况调研报告

中国施工企业管理协会　主编

中国建筑工业出版社

图书在版编目（CIP）数据

2022年工程建设企业和项目质量管理情况调研报告 / 中国施工企业管理协会主编．—北京：中国建筑工业出版社，2023.3

ISBN 978-7-112-28418-4

Ⅰ．①2…　Ⅱ．①中…　Ⅲ．①建筑企业—质量管理—调查报告—中国—2022　Ⅳ．①F426.9

中国国家版本馆CIP数据核字（2023）第036981号

本书分为两篇。第一篇为工程建设企业和项目质量管理调研报告，从行业、企业和项目三个层次对行业质量管理情况进行分析，共分四章，第一章为近年来行业质量相关法律法规及政策，第二章为企业质量管理，第三章为项目质量管理，第四章为结论和建议；第二篇为工程建设企业和项目质量管理典型案例，对六个具体案例进行介绍。

责任编辑：高　悦　张　磊
责任校对：董　楠

2022年工程建设企业和项目质量管理情况调研报告
中国施工企业管理协会　主编

*

中国建筑工业出版社出版、发行（北京海淀三里河路9号）
各地新华书店、建筑书店经销
华之逸品书装设计制版
北京君升印刷有限公司印刷

*

开本：787毫米×1092毫米　1/16　印张：13¾　字数：260千字
2023年4月第一版　2023年4月第一次印刷
定价：**58.00**元

ISBN 978-7-112-28418-4
（40815）

编 委 会

主　　编：尚润涛

副 主 编：孙晓波　王　锋

编写组

执行主编：张国义

编　　委：张宇翔　张晓强　于　帅　单彩杰　李建辉
韩易桐　韩　磊　袁小林　顾　朕
以下人员姓氏笔画为序
王　月　王　刚　吕基平　吴　智　阳个小
李凌宜　姜　昆　张黎明　姜晓峰　韩　旭
奥云军　雷平飞

主编单位：中国施工企业管理协会

参编单位：中国建筑第二工程局有限公司
中天建设集团有限公司
北京市政路桥股份有限公司
中建五局第三建设有限公司
山西省安装集团股份有限公司
广西新发展交通集团有限公司

主编单位简介

中国施工企业管理协会（简称“中施企协”，英文缩写CACEM）成立于1984年2月，是由工程建设企事业单位、社会组织和有关专业人士自愿结成的全国性、行业性社会团体。业务指导单位为国家发展和改革委员会。

协会现有会员企业4372家，涉及工程项目投资、建设、设计、施工、监理、运营及工程设备制造等单位，国有企业占33%（央企19%、地方国企14%），民营企业占60%，关联协会占7%。会员总产值占行业总产值的60%以上。会员分布在除台湾以外的33个省、自治区、直辖市和特别行政区，覆盖冶金、有色、煤炭、石油、石化、化工、电力、核工业、军工、民航、林业、建材、铁路、公路、水运、水利、通信、市政和房屋建筑等行业（专业）。

协会定位是反映施工企业诉求、改善其发展环境的代言人，促进施工企业科技进步与创新的平台，提升工程施工安全质量的助推器，政府制定工程建设行业发展规划和政策法规的参谋助手，谋划工程建设行业发展战略的智库，培养和造就优秀施工企业家的摇篮。

协会宗旨是提供服务、反映诉求、规范行为，促进行业发展。协会始终坚持中国特色社会主义理论体系，秉承“服务为本、市场导向、改革创新、合作共赢”的理念，维护国家利益和企业合法权益，开展行业发展问题研究，加强行业自律，发挥桥梁纽带作用，促进交流合作，为国家、社会、行业和会员服务，引领工程建设行业持续健康发展。

协会倡议，广大工程建设企业自强自立，为中华民族的伟大复兴努力奋斗。

协会被民政部评为5A级协会，授予“全国先进社会组织”称号。协会党支部被评“国家发展改革委直属机关党委先进基层党组织”。协会党建工作荣获“中央国家机关社会组织党建工作优秀案例”。

前言

2022年，党的二十大胜利召开。会议高举习近平新时代中国特色社会主义思想伟大旗帜，提出了全面建成社会主义现代化强国、实现第二个百年奋斗目标，以中国式现代化全面推进中华民族伟大复兴的中心任务，吹响了奋进新征程的新号角。二十大报告明确我国社会主要矛盾是人民日益增长的美好生活需要和不平衡不充分的发展之间的矛盾；提出高质量发展是全面建设社会主义现代化国家的首要任务。

中国施工企业管理协会作为政府和企业之间的桥梁纽带，认真学习宣传贯彻党的二十大精神，全面贯彻新发展理念，深化供给侧结构性改革，奋力推进工程建设行业高质量发展。为此，协会组织开展了工程建设企业和项目质量管理情况调研工作，力求在调查研究的基础上向政府有关部门建言献策，指导工程建设企业具体实践，为推动行业高质量发展、助力“质量强国”建设做出贡献。

开展质量调研是协会工作传统。2020年，协会尝试开展本项质量调研工作，总结经验后，2022年正式开展。历经方案研讨、问卷调查、数据处理、专业分析、专家审核，最终于2022年10月定稿，形成《2022年工程建设企业和项目质量管理情况调研报告》。这是行业内第一次开展全面的质量专项调研，形成的报告具有鲜明的特色、较强参考价值和指导意义。为了进一步增强指导性，本书还集纳了质量管理特色突出的典型案例，供读者学习借鉴。

全书分为两部分，第一部分是工程建设企业和项目质量管理调研报告，第二部分是工程建设企业和项目质量管理典型案例。

质量管理调研报告贯彻全员、全要素、全过程的全面质量管理理念，覆盖“人机料法环”质量要素，遵循质量管理体系建设（质量管理核心设置、质量管理部门和岗位设置、质量管理流程、质量管理制度等）、质量目标设定、质量策划、质量管理资源投入、过程质量控制、质量管理成果的逻辑顺序。报告包括行业质量相关法律法规及政策、企业质量管理、项目质量管理、结论和建议四个部分。分别从企业性质、资质、地区等多个角度分析质量管理相关数据，总结规律和特点，提出意见和建议。报告对施工企业科学决策和工程项目科学管理，具有较强的数据参考价值，有助于工程建设企业进一步做好质量工作，实现高质量发展。

典型案例部分是两家企业和四个项目的质量管理模式总结，企业类型既有国企、又有民企，项目类型包括市政、交通、生态修复工程等。案例企业从质量管理理念、战略、质量管理体系建立、标准化管理、信息化建设、创优管理、质量管理成果等角度分享了自身实践经验。案例项目围绕全生命周期管理，从设计难点、建造难点、技术创新、质量创新、质量管理体系及流程、绿色发展、社会效益等方面详细阐述。这些企业和项目的质量管理模式各具特色，是他们综合企业性质、资源禀赋、经营特点、竞争优势等不同条件，作出的最有利于企业发展的实践经验总结，相信一定会让读者有所收获。

借此机会，对多年来一直关心、支持和帮助中国施工企业管理协会工作的企业和有关组织，以及广大质量工作者表示衷心的感谢！对积极参与质量调研工作、提供质量管理案例的企业和项目、有关专家表示衷心的感谢！

在全面建设社会主义现代化国家、实现第二个百年奋斗目标、全面推进中华民族伟大复兴的新征程上，中国施工企业管理协会将深入学习宣传贯彻党的二十大精神，持续研究总结工程建设行业质量管理和高质量发展理论和实践经验，携手广大工程建设企业共同为行业高质量发展作出新贡献！

中国施工企业管理协会
2022年12月

目录

I 第一篇 工程建设企业和项目质量管理调研报告

I

第一篇 工程建设企业和项目质量管理调研报告

近年来行业质量相关法律法规及政策

国家法律法规和政策为行业质量发展提供了良好环境

2011年4月，第十一届全国人民代表大会常务委员会第二十次会议对《中华人民共和国建筑法》进行第一次修正。2019年4月，第十三届全国人民代表大会常务委员会第十次会议对《中华人民共和国建筑法》进行第二次修正。

2012年2月，国务院印发《质量发展纲要（2011-2020）》。

2017年2月，国务院办公厅发布《关于促进建筑业持续健康发展的意见》(国办发〔2017〕19号)。

2017年10月，国务院修订《建设工程勘察设计管理条例》。

2018年1月，国务院印发《关于加强质量认证体系建设促进全面质量管理的意见》(国发〔2018〕3号)。

2019年4月，国务院第二次修订《建设工程质量管理条例》。

2019年9月，国务院办公厅转发住房和城乡建设部《关于完善质量保障体系提升建筑工程品质指导意见》的通知（国办函〔2019〕92号）。

2022年11月，国家市场监督管理总局牵头，18部委联合印发《关于印发进一步提高产品、工程和服务质量行动方案（2022-2025）的通知》(国市监质发〔2022〕95号)。

第二节

工程建设领域质量管理政策推动行业质量水平持续提升

2014年8月，住房和城乡建设部印发《建筑工程五方责任主体项目负责人质量终身责任追究暂行办法》（建质〔2014〕124号）。

2014年11月，中国铁路总公司印发《铁路建设项目工程质量管理办法》（铁总建设〔2014〕292号）。

2015年3月，交通运输部印发《铁路建设工程质量监督管理规定》（交通运输部令2015年第2号）。

2016年12月，交通运输部印发《关于打造公路水运品质工程的指导意见》（交安监发〔2016〕216号）。

2017年3月，住房和城乡建设部印发《关于工程质量安全提升行动方案的通知》（建质〔2017〕57号）。

2017年8月，交通运输部印发《公路水运工程质量监督管理规定》（交通运输部令2017年第28号）。

2017年12月，住房和城乡建设部印发《关于开展工程质量管理标准化工作的通知》（建质〔2017〕242号）。

2017年12月，《水利部关于废止和修改部分规章的决定》（中华人民共和国水利部令第49号）对《水利工程质量管理规定》进行修订。

2019年3月，国家发展改革委、住房和城乡建设部联合印发《关于推进全过程工程咨询服务发展的指导意见》（发改投资规〔2019〕515号）。

2020年9月，住房和城乡建设部印发《关于落实建设单位工程质量首要责任的通知》（建质规〔2020〕9号）。

2022年1月，住房和城乡建设部印发《"十四五"建筑业发展规划》（建市〔2022〕11号）。

2022年7月，住房和城乡建设部、国家发展改革委印发《"十四五"全国城市基础设施建设规划》（建城〔2022〕57号）。

2022年7月，国家发展改革委、交通运输部印发《国家公路网规划》（发改基础〔2022〕1033号）。

企业质量管理

调研样本的组成

本调研共由159家企业数据样本组成。

1.按企业性质划分（表2.1-1）。

表2.1-1

性质	央企	地方国企	民营企业
数量	45个	48个	66个
占比	28.30%	30.19%	41.51%

2.按企业注册地区域划分（表2.1-2）。

表2.1-2

所在地域	东部地区	中部地区	西部和东北地区
数量	112个	30个	17个
占比	70.44%	18.87%	10.69%

注：根据2011年国家统计局《东西中部和东北地区划分方法》，东部地区包括北京、天津、河北、上海、江苏、浙江、福建、山东、广东和海南10省市；中部地区包括山西、安徽、江西、河南、湖北和湖南6省；西部地区包括内蒙古、广西、重庆、四川、贵州、云南、西藏、陕西、甘肃、青海、宁夏和新疆12省市自治区；东北地区包括辽宁、吉林和黑龙江3省。本次调研未包含港、澳、台。

3.按资质等级划分（表2.1-3）。

表2.1-3

资质	特级资质	一级资质	二级及以下资质
数量	74个	79个	6个
占比	46.54%	49.69%	3.77%

4.按企业产值规模划分（表2.1-4）。

参与调研的159家企业，2021年产值规模最低0.098亿元，最高1487.63亿元，样本企业年均产值130.69亿元，中位数58.30亿元。

表2.1-4

年产值	1000亿元以上	500亿元至1000亿元（含）	200亿元至500亿元（含）	50亿元至200亿元（含）	20亿元至50亿元（含）	5亿元至20亿元（含）	5亿元（含）以下
数量	3个	5个	17个	65个	20个	33个	16个
占比	1.89%	3.14%	10.69%	40.88%	12.58%	20.75%	10.07%

5.按企业人数规模划分（表2.1-5）。

表2.1-5

人数	10000人以上	5000人至10000人（含）	2000人至5000人（含）	1000人至2000人（含）	500人至1000人（含）	200人至500人（含）	200人（含）以下
数量	9个	8个	31个	33个	33个	27个	18个
占比	5.66%	5.03%	19.50%	20.75%	20.75%	16.98%	11.33%

企业劳动生产率

企业人均年产值。159家企业人均年产值为470.38万元/人（按企业自有员工统计，未包含劳务分包等人员），中位数434.31万元/人。整体分布情况见表2.2-1。

表2.2-1

人均年产值	1400万元以上	1100万元至1400万元（含）	800万元至1100万元（含）	500万元至800万元（含）	300万元至500万元（含）	100万元至300万元（含）	100万元（含）以下
企业数量	11个	7个	14个	38个	41个	39个	9个
占比	6.92%	4.40%	8.80%	23.90%	25.79%	24.53%	5.66%

按照人数规模分析企业人均年产值（按企业自有员工统计，未包含劳务分包等人员）见表2.2-2。

表2.2-2

人数	10000人以上	5000人至10000人（含）	2000人至5000人（含）	1000人至2000人（含）	500人至1000人（含）	200人至500人（含）	200人（含）以下
企业数量	9个	8个	31个	33个	33个	27个	18个
人均年产值（万元）	351.05	437.60	527.80	579.18	522.63	625.25	640.54

1.按企业性质分类。

央企人均年产值424.13万元/人，地方国企人均年产值435.54万元/人，民营企业人均年产值691.05万元/人。

2.按企业资质分类。

特级资质企业人均产值442.53万元/人，一级资质企业人均产值438.48万元/人，二级及以下资质企业人均产值171.03万元/人。

3.按注册地分类。

东北及西部地区人均产值429.25万元/人，中部地区企业人均产值433.37万元/人，东部地区企业人均产值492.88万元/人。

4.按所处行业分类。

最高等级资质含有建筑资质（下同）企业人均年产值478.57万元/人，公路资质企业人均年产值432.13万元/人，铁路资质企业人均年产值371.99万元/人，市政公用资质企业人均年产值423.42万元/人，机电资质企业人均年产值370.35万元/人，水利水电资质企业人均年产值362.10万元/人，港口与航道资质企业人均年产值425.71万元/人。

从数据可以看出，企业人均年产值呈现企业规模越大，人均年产值越低的特征；民营企业明显高于地方国企，地方国企明显高于央企；特级资质明显高于一级资质，一级资质明显高于二级资质；东部地区明显高于中部地区，中部地区明显高于东北和西部地区。

第三节

企业质量管理部门设置

一、质量分管领导设置

159家企业中，有24家在企业领导层中指定专人负责质量管理工作，占比15.09%，职务均为质量总监。有135家质量管理工作由企业高层管理人员兼职负责，占比84.91%。

1. 企业领导层中是否设立专职质量负责人情况，按企业性质分析见表2.3-1。

表2.3-1

企业性质	央企		地方国企		民营企业	
企业总数	45个		48个		66个	
分类	设立	未设立	设立	未设立	设立	未设立
数量	10个	35个	4个	44个	10个	56个
占比	22.22%	77.78%	8.33%	91.67%	15.15%	84.85%

2. 企业领导层中是否设立专职质量负责人情况，按照企业注册地区域分析见表2.3-2。

表2.3-2

企业位置	东部地区		中部地区		西部和东北地区	
企业总数	112个		30个		17个	
分类	设立	未设立	设立	未设立	设立	未设立
数量	20个	92个	4个	26个	0个	17个
占比	17.86%	82.14%	13.33%	86.67%	0.00	100.00%

3. 企业领导层中是否设立专职质量负责人，按照企业资质分析见表2.3-3。

表2.3-3

企业资质	特级资质		一级资质		二级及以下资质	
企业总数	74个		79个		6个	
分类	设立	未设立	设立	未设立	设立	未设立
数量	11个	63个	12个	67个	1个	5个
占比	14.86%	85.14%	15.19%	84.81%	16.67%	83.33%

从上述数据中可以看出，在企业领导层中设置专职质量负责人，央企的比例明显高于地方国企和民营企业，东部地区明显高于中部地区、西部和东北地区。

二、质量管理部门设置

159家企业中，有33家设置了独立的、仅负责质量工作的质量管理部门，占比20.75%。有126家企业的质量管理工作与技术、安全等业务联合设立综合部门，占比79.25%。

1.企业是否设立质量管理专职部门，按照企业性质分析见表2.3-4。

表2.3-4

企业性质	央企		地方国企		民营企业	
企业总数	45个		48个		66个	
分类	设立	未设立	设立	未设立	设立	未设立
数量	11个	34个	6个	42个	16个	50个
占比	24.44%	75.56%	12.50%	87.50%	24.24%	75.76%

2.企业是否设立质量管理专职部门，按照企业注册地区域分析见表2.3-5。

表2.3-5

企业位置	东部地区		中部地区		西部和东北地区	
企业总数	112个		30个		17个	
分类	设立	未设立	设立	未设立	设立	未设立
数量	24个	88个	7个	23个	2个	15个
占比	21.43%	78.57%	23.33%	76.67%	11.76%	88.24%

3.企业是否设立质量管理专职部门，按照企业资质分析见表2.3-6。

表2.3-6

企业资质	特级资质		一级资质		二级及以下资质	
企业总数	74个		79个		6个	
分类	设立	未设立	设立	未设立	设立	未设立
数量	12个	62个	20个	59个	1个	5个
占比	16.22%	83.78%	25.32%	74.68%	16.67%	83.33%

企业设立不负责技术等质量要素管理、独立的质量管理部门，对于发挥质量监督作用，加强质量管理有比较大的作用。但从调研数据看，设置独立质量管理部门的企

业仅占20%左右。绝大多数企业将质量管理和技术管理合并在一个部门。

在按照企业资质进行分析过程中，出现了特级资质企业设立质量管理专职部门占比低于一级资质企业的情况，主要是因为参与调研的特级资质企业中有一部分是集团总部管理型企业，不直接负责基层一线施工生产。这些企业设置联合管理部门，将质量与技术、安全、环保、履约等其中一项或多项职能合并统筹管理。

第四节 企业质量管理流程和制度

一、企业质量管理流程和制度整体概况

关于企业质量管理体系和质量管理流程。从调研结果分析：一是99%的企业通过 ISO9000 体系认证，仅有2家二级、三级资质企业未进行质量管理体系认证，其年施工产值不超过0.5亿元，主要承接一些地方性、小型工程项目；二是约三分之二的企业建立了企业质量管理体系基本构架；三是约一半的企业有质量管理流程图或质量体系要素职责分配表。相比接近百分之百通过了质量管理体系认证，建立了明确的质量管理流程的企业比例偏低。

关于企业质量管理制度。一是绝大多数企业建立了质量管理制度，并有详细清单；二是多数企业的质量管理制度约 20项，覆盖施工全部过程，贯通企业和项目质量管理两个层面，大部分企业编制了质量管理手册、制度汇编等；三是部分企业加强了质量底线和工人技能管理，建立了质量底线管理制度、质量“工匠之星”实施指南、质量风险红黄牌警示管理办法；四是未建立质量管理制度的企业，都是成立3年以内的企业，管理尚不完善。

二、企业年度质量管理目标

目标管理是大多数企业行之有效的管理方法，设定目标能起到导向作用，可以保证质量管理资源的持续投入，可以调动企业员工的积极性，取得较好的质量管理成果。97%的企业具有明确的年度质量管理目标，半数以上企业有详细的量化指标或年度质量管理重点工作，且将质量管理目标纳入绩效考核评价体系。目标管理有利于明确质量工作要求，强化质量意识，实现质量目标的过程控制，提高工程质量。

但是，还有约五分之二的企业没有设置量化指标，没有自上而下明确具体的指标要求，没有将质量目标纳入绩效考核评价体系，目标导向作用不明显，质量管理依赖基层或者项目的自我约束。这些做法影响企业质量管理的效果，还需要进一步改进质量管理工作。

三、部分典型做法点评

质量管理体系是为实现质量管理目标，保证工程质量而建立的由各质量要素组成的有机整体。质量管理体系包括质量要素管理部门、岗位设置及相应的职责、质量管理流程等，并形成质量决策、质量管理核心、质量保证、质量监督等子系统，最终以质量管理制度的形式表现出来。

在选取典型做法时，我们看重的是该案例做得比较优秀的某一点或某一方面，并不是该案例完美无缺。企业在参考时要去粗存精，择优选用。

做法一：简洁地表示了从决策层到执行层的企业质量管理基本架构，反映了质量五要素的管理部门。案例图示（图2.4-1）仅可作为管理基本构架示意图，具体执行过程中还需要细分管理部门以满足实际需要。（源于中铁十一局集团城市轨道工程有限公司）

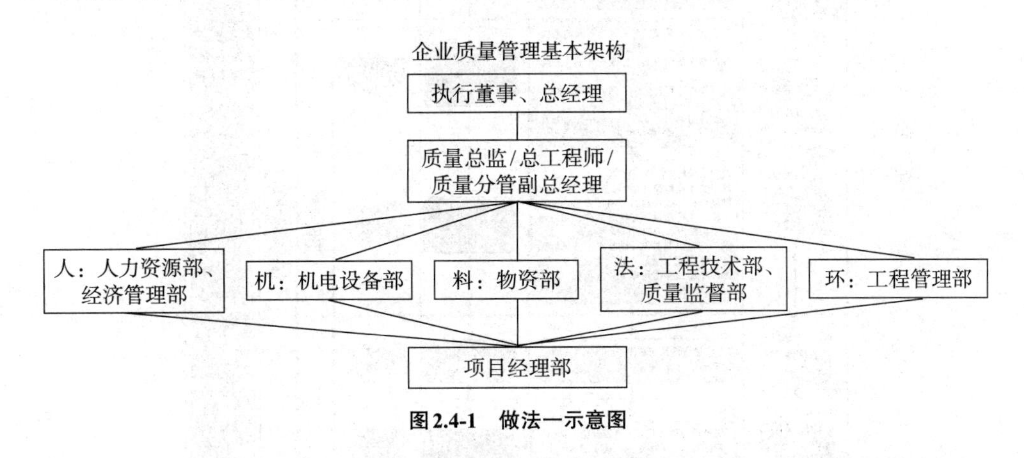

图2.4-1 做法一示意图

做法二：部分企业建立了质量决策体系、质量保证体系、质量监督体系，分别设置了质量要素管理部门和质量监督部门，更有力地执行企业质量管理体系与制度。案例单位质量管理体系组织机构中，技术质量联合设置为一个部门，还有必要改进，即设置独立的质量管理部，实现质量监督工作的独立（图2.4-2）。（源于中建七局交通建筑有限责任公司）

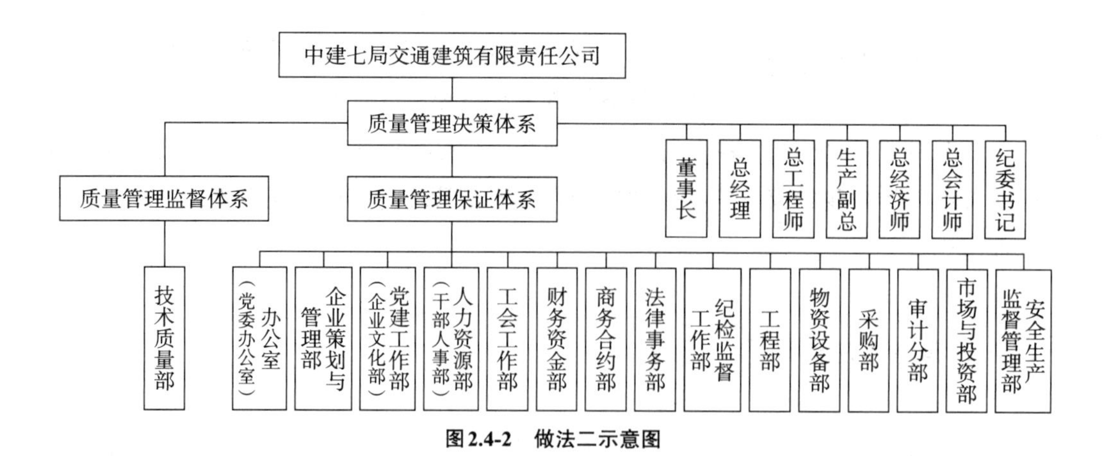

图 2.4-2　做法二示意图

做法三：部分企业的质量管理体系，明确了公司、项目部和劳务队伍三个层级的质量管理责任与任务，明确了每一层级质量岗位人员的质量职责等。缺点是理论性较强，还需要根据企业自身管理模式进行针对性改进，适用性有待加强（图2.4-3）。（源于中铁十一局集团第一工程有限公司）

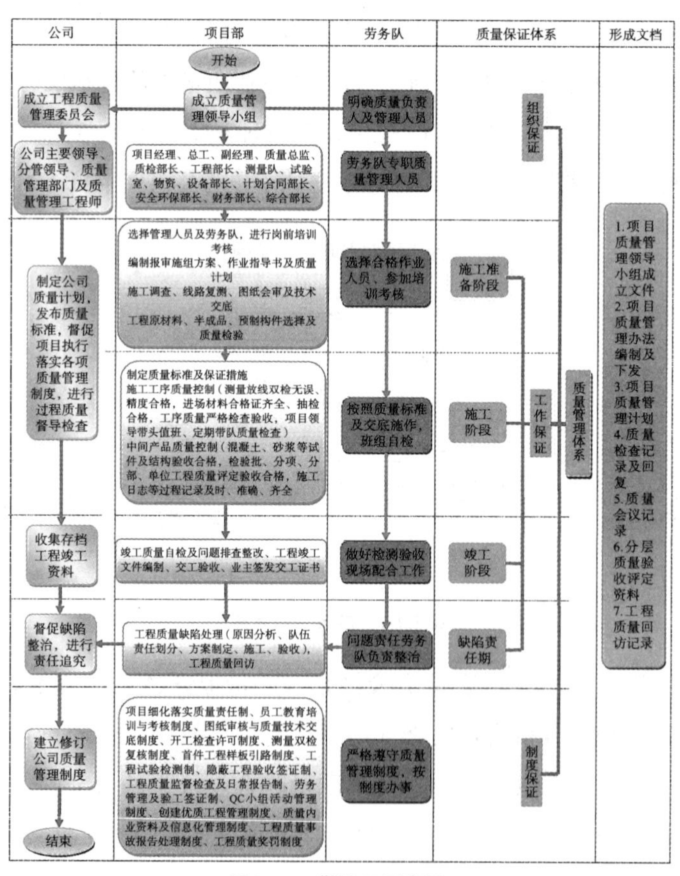

图 2.4-3　做法三示意图

做法四：部分企业将质量管理关键性内容和程序实行流程化管理，如建立分包单位质量管理协议签订流程，建立项目质量管理计划编制流程，建立包含监理、建设单位监督认可环节的样板管理流程等，提高了企业质量管理标准化水平。该流程多用于建筑工程企业。但也存在部分流程审核环节多，影响效率的不利因素，有待进一步优化改进。（源于中建二局第三建筑工程有限公司）

1.项目分包质量管理协议签订流程（图2.4-4）。

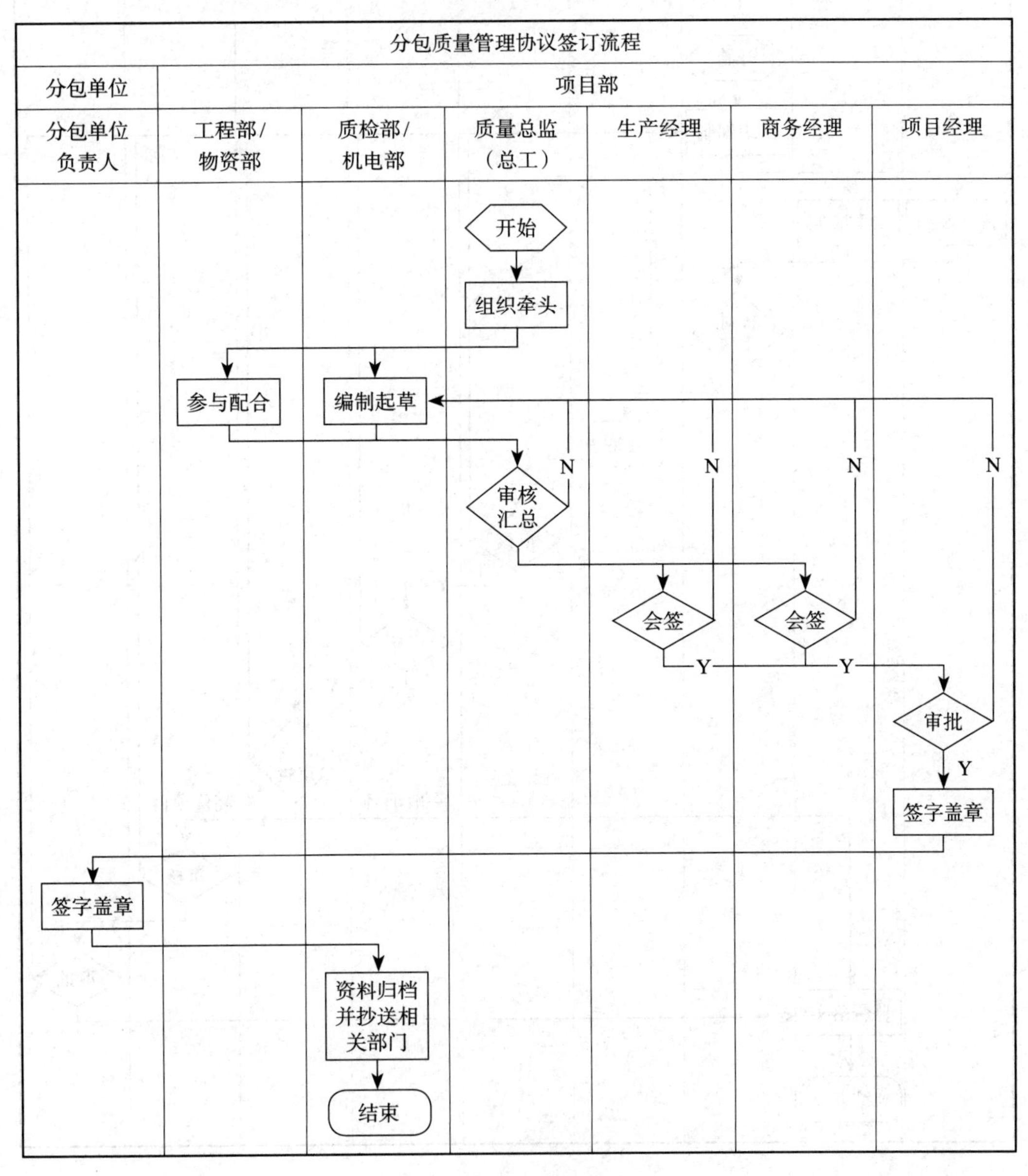

图2.4-4 做法四示意图（一）

2.项目工程质量管理计划编制流程（图2.4-5）。

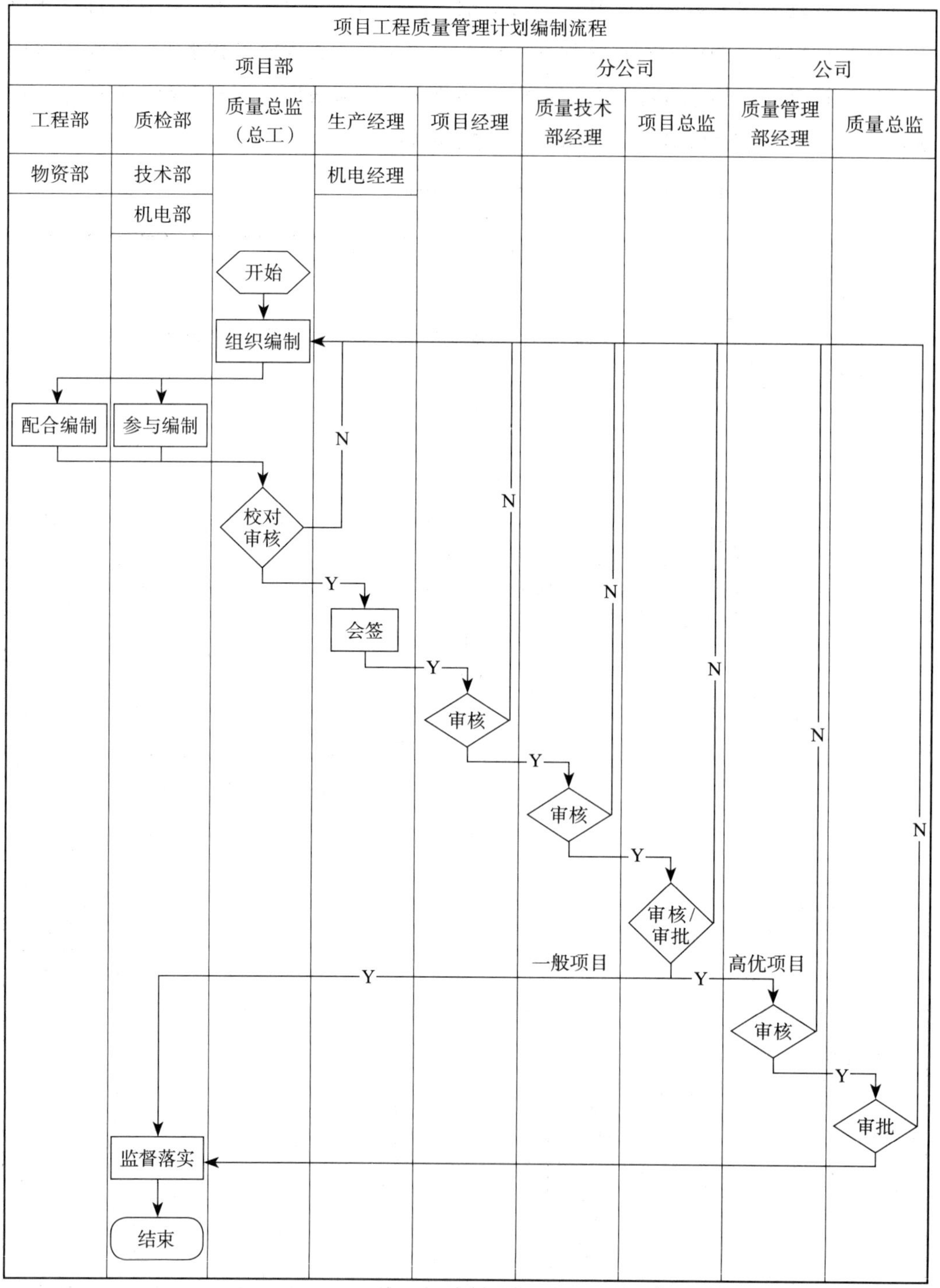

项目工程质量管理计划编制流程

项目部					分公司		公司	
工程部	质检部	质量总监（总工）	生产经理	项目经理	质量技术部经理	项目总监	质量管理部经理	质量总监
物资部	技术部		机电经理					
	机电部							

开始

组织编制

配合编制

参与编制

校对审核

N

Y

会签

Y

审核

N

Y

审核

N

Y

审核/审批

N

一般项目

Y

高优项目

Y

审核

N

Y

审批

N

监督落实

结束

图2.4-5 做法四示意图（二）

3.质量缺陷处理流程（如果能增加总结分析环节更好，深入到“人机料法环”质量要素管理层面，挖掘剖析产生问题的根源并修正，通过PDCA循环做到持续改进）（图2.4-6）。

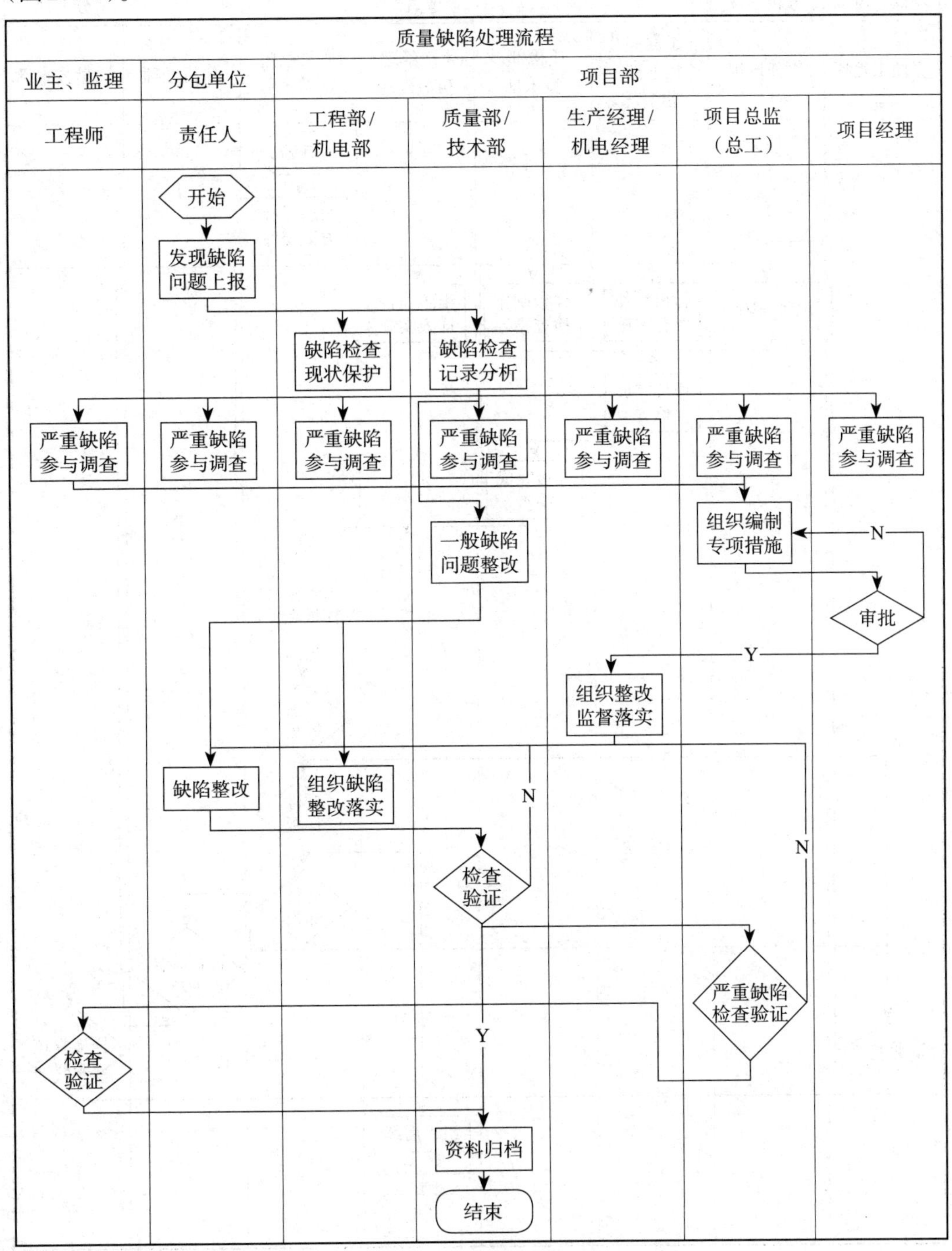

图2.4-6　做法四示意图（三）

4.样板管理工作流程（图2.4-7）。

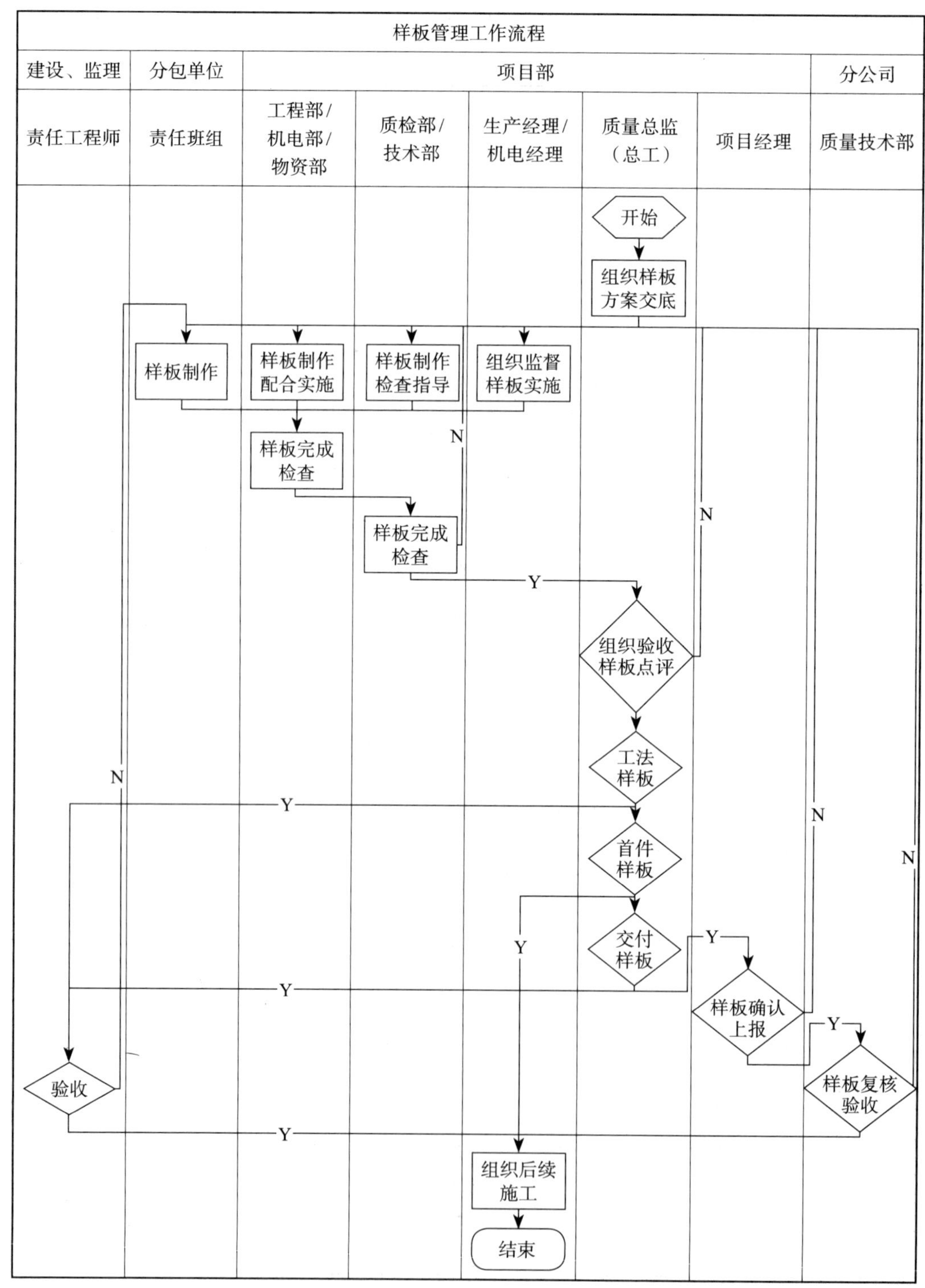

图2.4-7 做法四示意图（四）

第五节

质量管理资源投入

一、企业总部专职质量管理人员数量

159家样本中，企业总部（包含分公司机关）专职质量管理人员平均25.19人/家，中位数9人。整体分布情况见表2.5-1。

表2.5-1

总部专职质量管理人员数量	80人（含）以上	50人（含）至80人	30人（含）至50人	10人（含）至30人	5人（含）至10人	3人至4人	3人（含）以下
数量	8个	14个	16个	36个	48个	21个	16个
占比	5.03%	8.81%	10.06%	22.64%	30.19%	13.21%	10.06%

单纯就数据来看，企业总部质量管理人员数量比较充足。但考虑到多数企业质量管理和其他质量要素管理合并设置为一个部门，质量管理和质量要素管理投入时间并不容易清晰划分，真正从事质量管理人员数量应该略少于呈现的数字。

1.企业总部（包含分公司机关）专职质量管理人员平均人数，按照企业产值规模分析见表2.5-2。

表2.5-2

年产值	500亿元以上	200亿元至500亿元（含）	50亿元至200亿元（含）	20亿元至50亿元（含）	5亿元至20亿元（含）	5亿元（含）以下
企业数量	8个	17个	65个	20个	33个	16个
质量专职管理人员平均人数	19.75人	29.82人	27.74人	13.35人	8.76人	7.69人

2.企业总部（包含分公司机关）专职质量管理人员平均人数，按照企业性质分析见表2.5-3。

表2.5-3

企业性质	央企	地方国企	民营企业
企业数量	45个	48个	66个
质量专职管理人员平均人数	34.56人	30.10人	15.24人

3.企业总部（包含分公司机关）专职质量管理人员平均人数，按照企业注册地区域分析见表2.5-4。

表2.5-4

企业注册地	东部地区	中部地区	西部和东北地区
企业数量	112个	30个	17个
质量专职管理人员平均人数	24.33人	27.63人	26.59人

4.企业总部（包含分公司机关）专职质量管理人员平均数量，按照企业资质分析见表2.5-5。

表2.5-5

企业资质	特级资质	一级资质	二级及以下资质
企业数量	74个	79个	6个
质量专职管理人员平均人数	41.03人	11.37人	12.00人

从数据可以看出，企业总部（包含分公司机关）专职质量管理人员平均人数央企高于地方国企，地方国企高于民营企业；特级资质企业明显高于一级及以下资质企业。

二、企业总部专职质量管理人员素质

159家企业中，总部专职质量管理人员共计4006人，其中硕士及以上230人，本科2974人，专科及以下801人，其他1人。本科、硕士及以上学历占比为79.98%。企业专职质量管理人员平均每家有硕士1.45人，本科18.7人，专科及以下5.04人，其他0.006人。

1.企业总部（包含分公司机关）专职质量管理人员素质，按企业性质分析见表2.5-6。

表2.5-6

企业性质	央企		地方国企		民营企业	
企业总数	45个		48个		66个	
专职质量管理人员平均人数	34.56人		30.10人		15.24人	
学历层次	硕士及以上	本科	硕士及以上	本科	硕士及以上	本科
不同学历层次人员平均人数	1.82人	28.22人	2.23人	22.56人	0.62人	9.41人
本科、硕士及以上学历总部质量管理人员中占比	86.92%		82.36%		65.81%	

2.企业总部（包含分公司机关）专职质量管理人员素质，按照地域分析见表2.5-7。

表2.5-7

企业性质	东部地区		中部地区		西部和东北地区	
企业总数	112个		30个		17个	
专职质量管理人员平均人数	24.33人		27.63人		26.59人	
学历层次	硕士及以上	本科	硕士及以上	本科	硕士及以上	本科
不同学历层次人员平均人数	1.13人	18.10人	1.87人	19.90人	2.82人	20.59人
本科、硕士及以上学历总部质量管理人员中占比	79.04%		78.79%		88.04%	

3.企业总部（包含分公司机关）专职质量管理人员素质，按照企业资质分析见表2.5-8。

表2.5-8

企业性质	特级资质		一级资质		二级及以下资质	
企业总数	74个		79个		6个	
专职质量管理人员平均人数	41.03人		11.37人		12人	
学历层次	硕士及以上	本科	硕士及以上	本科	硕士及以上	本科
不同学历层次人员平均人数	2.64人	31.49人	0.38人	7.53人	0.83人	8.17人
本科、硕士及以上学历总部质量管理人员中占比	83.18%		69.57%		75.00%	

由数据可以看出，企业总部（包含分公司机关）质量管理人员素质整体较高，且明显呈现出央企高于地方国企，地方国企高于民营企业，以及特级资质企业高于一级资质和以下资质企业的特点。

4.159家样本中，企业总部（包含分公司机关）专职质量管理人员工作年限情况见表2.5-9（总人数4006人）。

表2.5-9

质量管理人员工作年限	10年以上	5至10年	5年以下
人数	1768人	1460人	778人
占比	44.13%	36.45%	19.42%

从表中可以看出，企业总部（包含分公司机关）质量管理人员从事质量工作10年以上、5至10年和5年以下的比例接近2∶2∶1，该配置既有利于企业高效完成质量管理工作，又能对新人起到“传帮带”的作用，配置较为科学。

三、企业整体项目质量管理人员投入情况

样本企业在项目质量管理中，配置专职质检员的企业数量为155家，占比97.48%（其中全部为专职质检员的企业数量为73家，占比45.91%；专职、兼职都有的企业数量为82家，占比51.57%）；仅配置兼职质检员的企业数量为4家，占比2.52%。

参与调研企业质检员人数共计44411人，其中专职质检员占比75.45%，兼职质检员占比24.55%；专职质检员共计33507人（其中持证人数为30382人，占比90.67%），平均每家企业210.74人；兼职的质检员共计10904人（其中持证人数6654人，占比61.02%），平均每家企业68.58人。

企业（包含所属项目部）质检员数量整体分布情况见表2.5-10。

表2.5-10

专职或者兼职质检员人数	600人及以上	300人至600人（含）	200人至300人（含）	100人至200人（含）	50人至100人（含）	20人至50人（含）	10人至20人（含）	2人至10人（含）	1人及以下
专职质检员人数处于其间的企业数量	9个	15个	15个	23个	23个	37个	13个	16个	8个
占比	5.66%	9.43%	9.43%	14.47%	14.47%	23.27%	8.18%	10.06%	5.03%
兼职质检员人数处于其间的企业数量	5个	4个	6个	10个	13个	20个	11个	15个	75个
占比	3.14%	2.52%	3.77%	6.29%	8.18%	12.58%	6.92%	9.43%	47.17%

样本企业中，2021年在施项目数量总计23952个。平均每个项目配置专职质检员1.4名，兼职质检员0.46名。企业平均在每个项目上投入的专职质检员和兼职质检员人数情况整体分布见表2.5-11。

表2.5-11

平均质检员人数	4人及以上	4人至3人（含）	3人至2人（含）	2人至1人（含）	1（不含）至0（不含）	0人
平均每个项目投入的专职质检员处于其间的企业数量	6个	7个	16个	62个	64个	4个
占比	3.77%	4.41%	10.06%	38.99%	40.25%	2.52%
平均每个项目投入的兼职质检员处于其间的企业数量	4个	4个	4个	16个	58个	73个
占比	2.52%	2.52%	2.52%	10.06%	36.48%	45.90%

最后一列数据显示有4家企业专职质检员总数为0，有73家企业兼职质检员总数为0，二者之间无交集。即企业要么配置专职质检员，要么配置兼职质检员，或者二者兼有，没有二者皆无情况。

1.按照企业性质分析见表2.5-12。

表2.5-12

		央企（45家）		地方国企（48家）		民营企业（66家）	
		专职	兼职	专职	兼职	专职	兼职
质检员总数		10533人	5168人	19253人	3971人	3721人	1765人
质检员中持证人员	人数	8770人	2895人	18053人	2246人	3559人	1513人
	占比	83.26%	56.02%	93.77%	56.56%	95.65%	85.72%
项目总数		7080个		11814个		5058个	
单项目平均质检员人数		1.49人	0.73人	1.63人	0.34人	0.74人	0.35人

2.按照企业注册地区域分析见表2.5-13。

表2.5-13

		东部地区（112家）		中部地区（30家）		西部和东北地区（17家）	
		专职	兼职	专职	兼职	专职	兼职
质检员总数		17393人	6701人	6138人	1934人	9976人	2269人
质检员中持证人员	数量	15371人	3658人	5312人	1401人	9699人	1595人
	占比	88.37%	54.59%	86.54%	72.44%	97.22%	70.30%
项目总数		14750个		4317个		4885个	
单项目平均质检员人数		1.18人	0.45人	1.42人	0.45人	2.04人	0.46人

3.按照企业资质分析见表2.5-14。

表2.5-14

		特级（74家）		一级（79家）		二级及以下（6家）	
		专职	兼职	专职	兼职	专职	兼职
质检员总数		29418人	9367人	4036人	1508人	53人	29人
质检员中持证人员	数量	26682人	5833人	3647人	797人	53人	24人
	占比	90.7%	62.27%	90.36%	52.85%	100%	82.76%
项目总数		19699个		4134个		119个	
单项目平均质检员人数		1.49人	0.48人	0.98人	0.36人	0.45人	0.24人

从数据可以看出，样本中每个项目平均投入专职质检员1.4名、兼职质检员0.46名。每个项目投入质检员总数呈现特级资质明显高于一级资质企业、一级资质高于二级及以下资质企业的特点。结合第三章关于项目调研部分分析，存在这种差异特点的原因是特级资质企业的项目规模更大，而非质检员投入强度更高。

四、企业质量管理人员继续教育情况

2019年至2021年各企业质量管理人员继续教育情况见表2.5-15。

表2.5-15

人均继续教育时长（学时）	80以上	60至80（含）	40至60（含）	20至40（含）	20（含）以下
2019年企业数量	22个	18个	38个	62个	19个
占比	13.84%	11.32%	23.90%	38.99%	11.95%
2020年企业数量	27个	17个	38个	61个	16个
占比	16.98%	10.69%	23.90%	38.37%	10.06%
2021年企业数量	30个	13个	39个	64个	13个
占比	18.86%	8.18%	24.53%	40.25%	8.18%

1.按企业性质分析见表2.5-16。

表2.5-16

企业性质	央企	地方国企	民营企业
2019年质量管理人员继续教育平均学时	35.33	61.92	43.13
2020年质量管理人员继续教育平均学时	38.39	66.59	45.63
2021年质量管理人员继续教育平均学时	41.37	67.33	46.78

2.按企业注册地区域分析见表2.5-17。

表2.5-17

企业位置	东部地区	中部地区	西部和东北地区
2019年质量管理人员继续教育平均学时	46.12	39.20	39.81
2020年质量管理人员继续教育平均学时	48.65	43.32	41.11
2021年质量管理人员继续教育平均学时	50.30	44.03	42.49

3.按企业资质分析见表2.5-18。

分析表中数据可以看出，不论是从企业性质、注册地还是资质角度进行分析，企业管理人员继续教育情况都呈现逐年增加的趋势，这也从侧面体现了企业和员工对继续教育的重视。

表2.5-18

企业资质	特级资质	一级资质	二级及以下资质
2019年质量管理人员继续教育平均学时	45.38	47.58	23.17
2020年质量管理人员继续教育平均学时	47.73	50.84	24.83
2021年质量管理人员继续教育平均学时	48.81	53.81	29.00

五、企业工艺标准（手册）和质量手册编制（更新）情况

159家企业中，共有116家企业编制了工艺标准（或工艺手册，含企业正式印发的作业指导书），占比72.96%，其中有105家企业是近五年（2018年至今）编制或者更新的工艺标准（工艺手册），占比66.04%。共有154家企业编制了质量手册，占比96.86%，其中有112家企业是近五年（2018年至今）编制或者更新的质量手册，占比70.44%。

编制或者更新工艺标准（工艺手册）和质量手册的企业，最后一版成稿时间见表2.5-19。

表2.5-19

最后一版成稿时间	2022年	2021年	2020年	2019年	2018年	2018年之前
编制或更新工艺标准的企业数量	10个	51个	18个	15个	11个	11个
占比（基数为116）	8.62%	43.97%	15.52%	12.93%	9.48%	9.48%
编制或更新质量手册的企业数量	10个	45个	34个	13个	10个	42个
占比（基数为154）	6.49%	29.22%	22.08%	8.44%	6.49%	27.28%

1.近五年（2018年至今）企业编制或更新工艺标准（工艺手册）和质量手册情况，按企业性质分析见表2.5-20。

表2.5-20

企业性质	央企	地方国企	民营企业
企业数量	45个	48个	66个
编制或更新工艺标准的企业数量	32个	30个	43个
占比	71.11%	62.50%	65.15%
编制或更新质量手册的企业数量	30个	32个	50个
占比	66.67%	66.67%	75.76%

2.近五年（2018年至今）企业编制或更新工艺标准（工艺手册）和质量手册情况，按企业注册地区域分析见表2.5-21。

表2.5-21

企业性质	东部地区	中部地区	西部和东北地区
企业数量	112个	30个	17个
编制或更新工艺标准的企业数量	72个	21个	12个
占比	64.29%	70.00%	70.59%
编制或更新质量手册的企业数量	79个	19个	14个
占比	70.54%	63.33%	82.35%

3.近五年（2018年至今）企业编制或更新工艺标准（工艺手册）和质量手册，按企业资质分析见表2.5-22。

表2.5-22

企业性质	特级资质	一级资质	二级及以下资质
企业数量	74个	79个	6个
编制或更新工艺标准的企业数量	52个	51个	2个
占比	70.27%	64.56%	33.33%
编制或更新质量手册的企业数量	56个	54个	4个
占比	75.68%	68.35%	66.67%

4.近五年（2018年至今）企业编制或更新工艺标准（工艺手册）和质量手册，按企业产值规模分析见表2.5-23。

表2.5-23

年产值	1000亿元以上	500亿元至1000亿元（含）	200亿元至500亿元（含）	50亿元至200亿元（含）	20亿元至50亿元（含）	5亿元至20亿元（含）	5亿元以下（含）
企业数量	3个	5个	17个	65个	20个	33个	16个
编制或更新工艺标准的企业数量	3个	5个	11个	43个	13个	21个	9个
占比	100%	100%	64.71%	66.15%	65.00%	63.64%	56.25%
编制或更新质量手册的企业数量	3个	5个	9个	49个	10个	25个	11个
占比	100%	100%	52.94%	75.38%	50.00%	75.76%	68.75%

从上述数据可以看出，近五年（2018年至今）编制或更新工艺标准（工艺手册）和质量手册，特级资质企业明显高于一级资质企业，一级资质企业明显高于二级及以下资质企业；企业产值越大，工艺标准（工艺手册）和质量手册越齐备。

企业质量管理成果

一、企业获得省部级以上工程质量奖的情况

调研样本中142家企业数据有效。

142家样本企业2018年竣工项目共计7029个，其中获得省部级及以上优质工程奖的项目有1183个，占比16.83%；每家企业平均获奖8.33项，中位数是2项。2019年竣工项目共计7069个，其中获得省部级及以上优质工程奖的项目有1268个，占比17.94%；每家企业平均获奖8.99项，中位数是3项。

单家企业获得奖项数量整体分布情况见表2.6-1。

表2.6-1

年度竣工项目获奖数量	50项及以上	30项（含）至50项	20项（含）至30项	10项（含）至20项	5项（含）至10项	2项至5项	1项	0项
2018年竣工项目获奖数量处于其间的企业家数	3个	5个	5个	22个	23个	28个	25个	32个
占比	2.11%	3.52%	3.52%	15.49%	16.90%	19.72%	16.20%	22.54%
2019年竣工项目获奖数量处于其间的企业家数	5个	3个	10个	22个	24个	32个	21个	28个
占比	2.82%	2.82%	7.04%	15.49%	16.90%	21.83%	13.38%	19.72%

1.按照企业性质分析获得省部级及以上优质工程奖情况见表2.6-2。

表2.6-2

	央企（42家）		地方国企（45家）		民营企业（55家）	
	2018年	2019年	2018年	2019年	2018年	2019年
竣工项目数量	2159个	2078个	2865个	3129个	2005个	1862个
平均企业竣工项目数量	51.40个	49.48个	63.67个	69.53个	36.45个	33.85个
获奖项目数量	499个	528个	522个	524个	162个	216个
平均企业获奖项目数量	11.88个	12.57个	11.60个	11.91个	2.95个	3.93个
获奖比例	23.11%	25.41%	18.22%	16.75%	8.08%	11.60%

2.按照企业注册地区域分析获得省部级及以上优质工程奖情况见表2.6-3。

表 2.6-3

	东部地区（100家）		中部地区（28家）		西部和东北（14家）	
	2018年	2019年	2018年	2019年	2018年	2019年
竣工项目数量	4502个	4549个	1785个	1828个	742个	692个
平均企业竣工项目数量	45.02个	45.49个	63.75个	65.29个	53个	49.43个
获奖项目数量	767个	782个	275个	328个	141个	158个
平均企业获奖项目数量	7.67个	7.82个	9.82个	11.71个	10.07个	11.29个
获奖比例	17.04%	17.19%	15.41%	17.94%	19.00%	22.83%

3.按照资质等级分析获得省部级及以上优质工程奖情况见表2.6-4。

表 2.6-4

	特级资质（70家）		一级资质（66家）		二级及以下（6家）	
	2018年	2019年	2018年	2019年	2018年	2019年
竣工项目数量	5344个	5602个	1596个	1365个	99个	112个
平均企业竣工项目数量	76.34个	80.03个	24.18个	20.68个	16.50个	18.67个
获奖项目数量	1007个	1068个	173个	198个	3个	2个
平均企业获奖项目数量	14.39个	15.26个	2.62个	3个	0.50个	0.33个
获奖比例	18.84%	19.06%	10.84%	14.51%	3.03%	1.79%

从数据可以看出，样本企业2018年和2019年获得省部级及以上优质工程奖的比例为16.83%和17.94%，远远高于行业平均水平，这说明样本企业普遍是行业内经营较好的企业。

从数据看，明显地呈现出央企获奖比例高于地方国企和民营企业，特级资质明显高于一级资质、一级资质高于二级及以下资质的特点。

二、工程质量维修支出

1.质量维修支出金额分析。

本部分分析具有以下局限性：①企业具有较强的不展示质量维修支出的动机；②部分企业，特别是中小型施工企业没有详细统计质量维修支出；③部分企业未设置质量维修支出会计科目，或虽设置，但实际维修支出在分公司层面消化、计入其他项目成本；④统计、分析手段的不合理。上述4点因素将影响分析结果的准确性。

样本企业中102家企业填写的质量维修支出数据有效，针对这些数据进行分析，平均每家企业的质量维修支出金额为743.69万元，整体分布情况见表2.6-5。

表2.6-5

质量维修支出金额	5000万元以上	3000万元至5000万元（含）	2000万元至3000万元（含）	1000万元至2000万元（含）	500万元至1000万元（含）	200万元至500万元（含）	100万元至200万元（含）	100万元（含）以下
企业数量	4个	3个	7个	2个	7个	17个	9个	53个
占比	3.92%	2.94%	6.86%	1.96%	6.86%	16.67%	8.83%	51.96%

102家企业2021年尚在质保期内项目的质量维修支出占2021年产值的0.000571，即万分之五点七一。质量维修支出占年产值的比例整体分布见表2.6-6。

表2.6-6

质量维修支出占产值百分比	万分之五十以上	万分之十至五十（含）	万分之五至十（含）	万分之三至五（含）	万分之一至三（含）	万分之一（含）以下
企业数量	7个	16个	10个	9个	27个	33个
占比	6.86%	15.69%	9.80%	8.82%	26.47%	32.36%

2.质量维修支出内容分析。

159家企业共提及防水、保温、外墙、隧道等维修内容共33项，计884次。

其中房屋建筑类：屋面防水提及73次，抹灰开裂及空鼓提及57次，外墙防水提及52次，地下室渗漏提及50次，外墙涂料提及48次，给水排水提及45次，门窗提及45次，内墙涂料提及36次，园林绿化提及34次，瓷砖脱落空鼓提及28次，外墙保温提及27次，五金洁具提及26次，厨卫管道渗漏提及23次，受力结构提及21次，地坪提及19次，回填土提及17次，暖通提及17次，消防提及16次，设备及设备基础提及15次，石材安装提及15次，幕墙提及13次，屋面返砂提及13次，建筑智能化提及9次。

基础设施类：路面及附属设施提及52次，桥面及附属设施提及27次，边坡和挡土墙提及24次，隧道渗漏提及19次，路基提及18次，二衬空鼓提及13次，桥墩污染提及11次，二衬裂缝提及11次，桥墩结构提及5次，轨道和轨道板提及5次。

根据上述数据，可见如下特点：

（1）建筑工程各个分部工程都有质量维修发生。

（2）防水相关施工内容（屋面、外墙、外窗、地下室和卫生间防水）依旧是质量维修支出高频项，46%的企业都发生过此类维修。考虑到统计不全面等因素，实际比例更高。

（3）隧道病害、路基层和桥梁的下部结构依然是基础设施类工程项目非常常见的质量问题。

（4）从调查数据看，影响工程结构安全问题依然存在。受力结构的质量问题对工程结构安全影响大，尤其需要注意。

项目质量管理

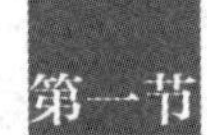

调研样本组成

本次调研共采集173家企业的260个项目的数据。按照不同统计口径，样本分布情况如下：

1. 按照项目所属企业性质归类见表3.1-1。

表3.1-1

类别	央企	地方国企	私营企业
数量	103个	76个	81个
占比	39.62%	29.23%	31.15%
平均造价	10.36亿元	5.86亿元	4.14亿元

2. 按照项目所属企业资质归类见表3.1-2。

表3.1-2

类别	特级资质	一级资质	二级及以下资质
数量	166个	88个	6个
占比	63.85%	33.85%	2.31%
平均造价	8.32亿元	5.20亿元	1.69亿元

3. 按照项目所属行业归类见表3.1-3。

表3.1-3

类别	建筑	市政公用	交通工程	水利水电	工业工程
数量	166个	52个	25个	11个	6个
占比	63.85%	20.00%	9.62%	4.23%	2.31%

续表

类别	建筑	市政公用	交通工程	水利水电	工业工程
平均造价	6.29亿元	6.02亿元	14.28亿元	7.82亿元	8.09亿元

注：市政公用工程包含城市轨道交通工程；交通工程包含铁路、公路、港口航道工程；工业工程包含电力工程。

4.按照项目所在地域归类见表3.1-4。

表3.1-4

类别	东部地区	中部地区	西部和东北地区
数量	154个	57个	49个
占比	59.23%	21.92%	18.85%
平均造价	7.02亿元	7.21亿元	7.27亿元

5.按照项目承包模式归类见表3.1-5。

表3.1-5

类别	PPP项目	工程总承包EPC	施工总承包
数量	20个	55个	185个
占比	7.69%	21.15%	71.15%
平均造价	15.27亿元	9.59亿元	5.49亿元

6.按照项目质量目标归类见表3.1-6。

表3.1-6

类别	国家级工程质量奖	省部级工程质量奖	合格（含地市级工程质量奖）
数量	80个	87个	93个
占比	30.77%	33.46%	35.77%
平均造价	11.20亿元	6.56亿元	4.10亿元

7.按照项目工程造价归类见表3.1-7。

工程造价最低0.03亿元，最高84.66亿元，平均工程造价7.11亿元，中位数4.32亿元。

表3.1-7

类别	20亿元（含）以上	10亿元（含）至20亿元	5亿元（含）至10亿元	2亿元（含）至5亿元	0.8亿元（含）至2亿元	0.8亿元以下
数量	14个	51个	55个	74个	35个	31个
占比	5.38%	19.62%	21.15%	28.46%	13.46%	11.92%
平均造价	31.58亿元	14.21亿元	6.88亿元	3.28亿元	1.34亿元	0.42亿元

项目质量管理体系

一、项目班子成员专人负责质量工作情况

班子成员有人专职负责质量工作的项目70个，占比26.92%，职务多为项目质量总监；兼职负责质量工作的项目189个，占比72.69%，职务多为项目总工；班子成员无人负责质量工作的项目1个，占比3.85‰。

1.按项目承包模式分析见表3.2-1。

表3.2-1

类别			PPP项目	工程总承包EPC	施工总承包
数量			20个	55个	185个
项目班子成员负责质量工作情况	专职负责	数量	1个	12个	57个
		占比	5.00%	21.82%	30.81%
	兼职负责	数量	19个	43个	127个
		占比	95.00%	78.18%	68.65%
	无	数量	0个	0个	1个
		占比	0.00	0.00	0.54%

2.按项目所属企业性质分析见表3.2-2。

表3.2-2

类别			央企	地方国企	私营企业
数量			103个	76个	81个
项目班子成员负责质量工作情况	专职负责	数量	39个	17个	14个
		占比	37.86%	22.37%	17.28%
	兼职负责	数量	64个	58个	67个
		占比	62.14%	76.32%	82.72%
	无	数量	0个	1个	0个
		占比	0.00	1.32%	0.00

3.按项目所属企业资质分析见表3.2-3。

表 3.2-3

类别			特级资质	一级资质	二级及以下资质
数量			166个	88个	6个
项目班子成员负责质量工作情况	专职负责	数量	52个	17个	1个
		占比	31.33%	19.32%	16.67%
	兼职负责	数量	114个	70个	5个
		占比	68.67%	79.55%	83.33%
	无	数量	0个	1个	0个
		占比	0.00	1.14	0.00

4. 按项目所属行业分析见表3.2-4。

表 3.2-4

类别			建筑	市政公用	交通工程	水利水电	工业工程
数量			166个	52个	25个	11个	6个
项目班子成员负责质量工作情况	专职负责	数量	52个	10个	5个	2个	1个
		占比	31.33%	19.23%	20.00%	18.18%	16.67%
	兼职负责	数量	114个	41个	20个	9个	5个
		占比	68.67%	78.85%	80.00%	81.82%	83.33%
	无	数量	0个	1个	0个	0个	0个
		占比	0.00	1.92	0.00	0.00	0.00

5. 按项目所在地域分析见表3.2-5。

表 3.2-5

类别			东部地区	中部地区	西部和东北地区
数量			154个	57个	49个
项目班子成员负责质量工作情况	专职负责	数量	41个	17个	12个
		占比	26.62%	29.82%	24.49%
	兼职负责	数量	112个	40个	37个
		占比	72.73%	70.18%	75.51%
	无	数量	1个	0个	0个
		占比	0.65%	0.00	0.00

6. 按项目工程造价分析见表3.2-6。

表3.2-6

类别			20亿元（含）以上	10亿元（含）至20亿元	5亿元（含）至10亿元	2亿元（含）至5亿元	0.8亿元（含）至2亿元	0.8亿元以下
数量			14个	51个	55个	74个	29个	37个
项目班子成员负责质量工作情况	专职负责	数量	4个	14个	22个	23个	4个	3个
		占比	28.57%	27.45%	40.00%	31.08%	13.79%	8.11%
	兼职负责	数量	10个	37个	33个	50个	25个	34个
		占比	71.43%	72.55%	60.00%	67.57%	86.21%	91.89%
	无	数量	0个	0个	0个	1个	0个	0个
		占比	0.00	0.00	0.00	1.35	0.00	0.00

从数据可以看出，项目班子成员安排专人负责质量工作的比率，施工总承包项目高于工程总承包项目，工程总承包项目高于PPP项目；央企项目高于地方国企项目，地方国企项目高于私营企业项目；特级资质企业项目高于一级资质企业项目，一级资质企业项目高于二级及以下资质企业项目。

二、项目部质量管理部门设置情况

独立设置质量管理部门的项目127个，占比48.85%；联合设置的项目125个，占比48.08%；其他情况（比如有人负责质量管理，但未设部门）的项目8个，占比3.08%。

1.按项目承包模式分析见表3.2-7。

表3.2-7

类别			PPP项目	工程总承包EPC	施工总承包
数量			20个	55个	185个
项目部质量管理部门设置情况	独立设置	数量	6个	24个	97个
		占比	30.00%	43.64%	52.43%
	联合设置	数量	14个	30个	81
		占比	70.00%	54.55%	43.78%
	其他情况	数量	0个	1个	7个
		占比	0.00	1.82%	3.78%

2.按项目所属企业性质分析见表3.2-8。

表3.2-8

类别			央企	地方国企	私营企业
数量			103个	76个	81个
项目部质量管理部门设置情况	独立设置	数量	61个	33个	33个
		占比	59.22%	43.42%	40.74%
	联合设置	数量	41个	42个	42个
		占比	39.81%	55.26%	51.85%
	其他情况	数量	1个	1个	6个
		占比	0.97%	1.32%	7.41%

3.按项目所属企业资质分析见表3.2-9。

表3.2-9

类别			特级资质	一级资质	二级及以下资质
数量			166个	88个	6个
项目部质量管理部门设置情况	独立设置	数量	86个	40个	1个
		占比	51.81%	45.45%	16.67%
	联合设置	数量	78个	43个	4个
		占比	46.99%	48.86%	66.67%
	其他情况	数量	2个	5个	1个
		占比	1.20%	5.68%	16.67%

4.按项目所属行业分析见表3.2-10。

表3.2-10

类别			建筑	市政公用	交通工程	水利水电	工业工程
数量			166个	52个	25个	11个	6个
项目部质量管理部门设置情况	独立设置	数量	81个	18个	16个	8个	4个
		占比	48.80%	34.62%	64.00%	72.73%	66.67%
	联合设置	数量	80个	32个	9个	3个	1个
		占比	48.19%	61.54%	36.00%	27.27%	16.67%
	其他情况	数量	5个	2个	0个	0个	1个
		占比	3.01%	3.85%	0.00	0.00	16.67%

5.按项目所在地域分析见表3.2-11。

表3.2-11

类别			东部地区	中部地区	西部和东北地区
数量			154个	57个	49个
项目部质量管理部门设置情况	独立设置	数量	76个	23个	28个
		占比	49.35%	40.35%	57.14%
	联合设置	数量	72个	32个	21个
		占比	46.75%	56.14%	42.86%
	其他情况	数量	6个	2个	0个
		占比	3.90%	3.51%	0.00

6.按项目工程造价分析见表3.2-12。

表3.2-12

类别			20亿元（含）以上	10亿元（含）至20亿元	5亿元（含）至10亿元	2亿元（含）至5亿元	0.8亿元（含）至2亿元	0.8亿元以下
数量			14个	51个	55个	74个	29个	37个
项目部质量管理部门设置情况	独立设置	数量	4个	31个	28个	42个	11个	11个
		占比	28.57%	60.78%	50.91%	56.76%	37.93%	29.73%
	联合设置	数量	10个	18个	27个	29个	17个	24个
		占比	71.43%	35.29%	49.09%	39.19%	58.62%	64.86%
	其他情况	数量	0个	2个	0个	3个	1个	2个
		占比	0.00	3.92%	0.00	4.05%	3.45%	5.41%

从数据可以看出，项目质量管理部门独立设置的比率施工总承包高于工程总承包，工程总承包高于PPP项目；央企高于地方国企，地方国企高于私营企业；特级资质高于一级资质，一级资质高于二级及以下；造价越高，质量管理部门单独设置的概率越高。

PPP项目和工程总承包项目较传统的施工总承包模式，承担了部分原由建设单位负责的工作，如投资、设计、运营等，因此在项目层面管理架构上，单独设置质量管理部门的概率降低。

三、项目管理制度制定权限

项目部管理制度制定权限，由企业负责起草制定的126个，占比48.46%；由项目部起草，企业审批的60个，占比23.08%；由项目部起草制定的74个，占比28.46%。

1.按项目承包模式分析见表3.2-13。

表3.2-13

类别			PPP项目	工程总承包EPC	施工总承包
数量			20个	55个	185个
项目管理制度制定权限情况	企业起草审批	数量	4个	31个	91个
		占比	20.00%	56.36%	49.19%
	项目部起草企业审批	数量	7个	7个	46个
		占比	35.00%	12.73%	24.86%
	项目部起草审批	数量	9个	17个	48个
		占比	45.00%	30.91%	25.95%

2.按项目所属企业性质分析见表3.2-14。

表3.2-14

类别			央企	地方国企	私营企业
数量			103个	76个	81个
项目管理制度制定权限情况	企业起草审批	数量	37个	42个	47个
		占比	35.92%	55.26%	58.02%
	项目部起草企业审批	数量	19个	20个	21个
		占比	18.45%	26.32%	25.93%
	项目部起草审批	数量	47个	14个	13个
		占比	45.63%	18.42%	16.05%

3.按项目所属企业资质分析见表3.2-15。

表3.2-15

类别			特级资质	一级资质	二级及以下资质
数量			166个	88个	6个
项目管理制度制定权限情况	企业起草审批	数量	73个	50个	3个
		占比	43.98%	56.82%	50.00%
	项目部起草企业审批	数量	37个	21个	2个
		占比	22.29%	23.86%	33.33%
	项目部起草审批	数量	56个	17个	1个
		占比	33.73%	19.32%	16.67%

4.按项目所属行业分析见表3.2-16。

表3.2-16

类别			建筑	市政公用	交通工程	水利水电	工业工程
数量			166个	52个	25个	11个	6个
项目管理制度制定权限情况	企业起草审批	数量	94个	22个	2个	5个	3个
		占比	56.63%	42.31%	8.00%	45.45%	50.00%
	项目部起草企业审批	数量	38个	15个	6个	0个	1个
		占比	22.89%	28.85%	24.00%	0.00	16.67%
	项目部起草审批	数量	34个	15个	17个	6个	2个
		占比	20.48%	28.85%	68.00%	54.55%	33.33%

5.按项目所在地域分析见表3.2-17。

表3.2-17

类别			东部地区	中部地区	西部和东北地区
数量			154个	57个	49个
项目管理制度制定权限情况	企业起草审批	数量	75个	28个	23个
		占比	48.70%	49.12%	46.94%
	项目部起草企业审批	数量	35个	12个	13个
		占比	22.73%	21.05%	26.53%
	项目部起草审批	数量	44个	17个	13个
		占比	28.57%	29.82%	26.53%

6.按项目工程造价分析见表3.2-18。

表3.2-18

类别			20亿元（含）以上	10亿元（含）至20亿元	5亿元（含）至10亿元	2亿元（含）至5亿元	0.8亿元（含）至2亿元	0.8亿元以下
数量			14个	51个	55个	74个	29个	37个
项目管理制度制定权限情况	企业起草审批	数量	1个	22个	21个	46个	17个	19个
		占比	7.14%	43.14%	38.18%	62.16%	58.62%	51.35%
	项目部起草企业审批	数量	4个	9个	16个	17个	5个	9个
		占比	28.57%	17.65%	29.09%	22.97%	17.24%	24.32%
	项目部起草审批	数量	9个	20个	18个	11个	7个	9个
		占比	64.29%	39.22%	32.73%	14.86%	24.14%	24.32%

从数据可以看出，项目部管理制度制定权限多以公司为主导，反映出企业通过标准化、集约化的管理，达到项目质量管理水平均质化提高的期望。项目部管理制度制定权限与项目承包模式有较强关联度，工程总承包和施工总承包项目更愿意采用企业起草、审批项目管理制度的方式。地方国企和民营企业相较于央企，一级以下资质企业相较于特级资质企业，更愿意采用企业起草、审批项目管理制度的方式。与项目规模大小也呈现一定关联，项目规模越大，企业起草、审批项目管理制度的概率越小，企业赋予项目部（包括PPP项目的SPV公司）的权限越大。

四、项目质量管理组织架构和流程的合理性、规范性、覆盖面分析

通常情况下，项目的组织机构和管理流程是根据项目所在地有关政策要求及企业内部管理制度，结合工程实际情况而定。项目质量管理组织架构和流程不能千篇一律，既要体现强制性、规范性，也要体现合理性、灵活性，适应企业和项目的管理需求，满足各方和工程实际需要。调研样本中，约三分之二的项目部提供了项目组织机构框图，约三分之一的项目部提供了项目质量管理基本流程框图。

特点一是大企业的项目组织机构管理层级较多，小企业的项目组织机构层级较少，合理反映了企业质量管理需求。很多大企业采用质量保证体系来表述企业质量管理的基本构架，包括组织保证、制度保证、经济保证、质量监督检查保证、思想保证等，全员、全过程、全要素地覆盖质量管理各方面。

特点二是项目提供的多数是“大而化之”的整个质量管理流程，没有按质量形成规律或过程来划分具体质量管理程序，并按质量管理程序制定多个详细的质量管理流程。而比较好的企业在制定质量管理手册基础上，将具体的质量管理程序流程化、规范化、信息化。其公司所属项目虽然所在地不同，性质不同，但是不同项目部提供的主要质量管理流程，如试验管理流程、不合格品管理流程等是相同的，反映该类企业管理的标准化程度比较高。

1.质量管理组织架构和流程方面部分先进典型做法。

（1）典型做法一：

一是项目部建立完善的组织机构，包括项目班子、部门和岗位，如质量总监、总工程师、生产经理、安全总监等，能够落实企业质量管理体系要求和企业制度。二是项目经理处于项目质量管理第一责任人位置。三是建立了较为完善的项目质量监督体系，特别设置质量总监岗位，与生产经理、项目总工并列，直接对项目经理负责；明

确质量管理（监督）部门，与其他部门呈现了并列关系。四是建立了完善的质量保证体系，合理设置管理部门和岗位，覆盖“人机料法环”各质量要素，还特别明确了资料员、试验员、测量工程师、机电专业工程师等多数项目容易忽视的岗位。五是设立机电经理，设置BIM（建筑信息模型，Building Information Modeling）技术部、深化设计部，强化薄弱环节的管理。六是将项目质量管理体系延伸关联到五方责任主体，下沉到劳务分包、专业分包、材料供应商、设备租赁单位。如图3.2-1所示。（源于中国建筑一局（集团）有限公司华北公司天津武清鸿坤2、3、4号地建筑安装工程施工总承包项目部）

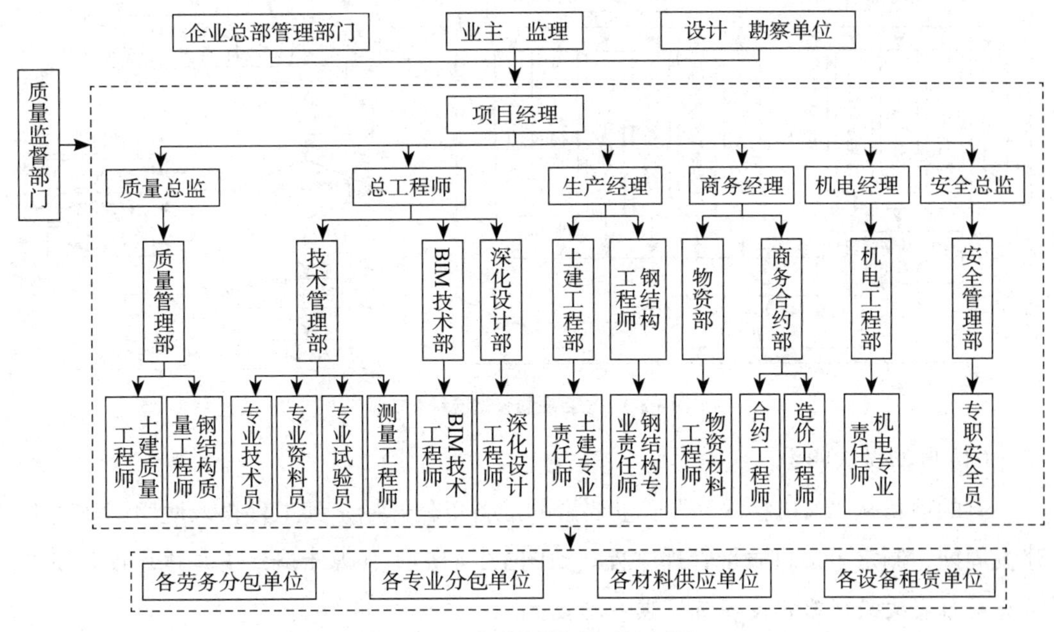

图3.2-1　项目质量管理体系基本构架

（2）典型做法二：

多数项目以工序质量管理为核心建立项目质量管理基本流程，确保实体质量。如图3.2-2所示。（源于中国建筑第八工程局有限公司天府文创城中意文化创新产业园基础设施项目一期施工一标段工程项目部）

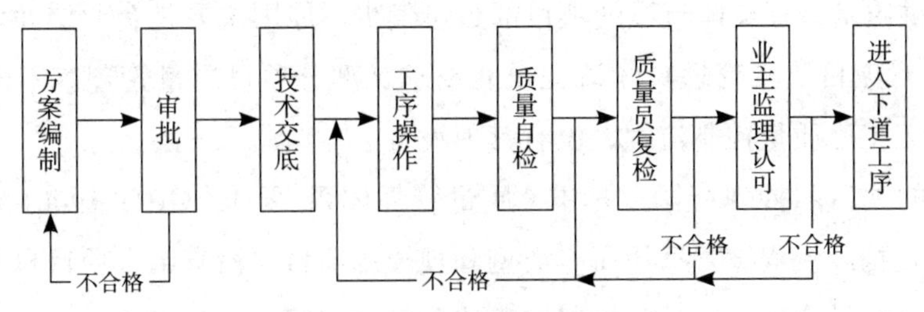

图3.2-2　项目质量管理流程（一）

（3）典型做法三：

有的项目对其质量形成的全过程进行跟踪监督、检查、检验和验收，从工作质量、工序质量和产品质量三个层次来控制工程质量。为了表达这三个层次管理的内容，还做了进一步分解，以便更加清晰直观。如图3.2-3所示。（源于临沂市政集团有限公司）

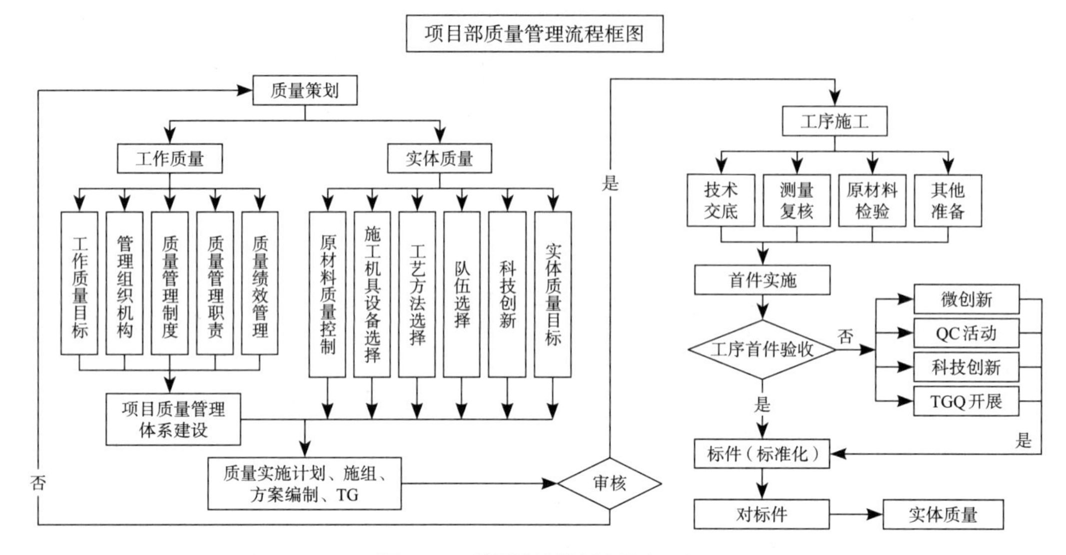

图3.2-3　项目质量管理流程（二）

（4）典型做法四：

有的项目从“人机料法环”质量要素的准备工作开始，到工程投入使用回访的全建设周期，制定了项目质量管理流程。如图3.2-4所示。（源于浙江省二建建设集团有限公司雅安文教新城建设项目一期一标段）

2.项目质量管理组织架构和流程方面的共性问题与不足。

（1）项目质量管理体系设置不尽合理，质量意识需要进一步加强。多数项目以总工程师统管质量、技术等多个部门工作，既管理质量要素也管理质量监督检查，角色存在冲突。有的项目部没有独立的质量监督（质检）部门，相关职能设置在工程部中，项目内部独立质量监督管理作用无法实现。

（2）提供质量管理具体流程的项目部数量偏少。原因主要是企业层面没有实行标准化管理，对项目质量管理具体流程没有要求。部分项目质量管理基本流程不够完善，仅有施工工序质量控制流程，没有其他流程。

（3）有的项目照抄现行国家标准《质量管理体系　要求》GB/T 19001的要求，质量管理组织机构和流程设置适用所有类型和规模的项目，没有结合项目自身情况，有针对性地建立科学合理的质量管理组织机构和管理流程。

图3.2-4　项目质量管理流程（三）

项目质量目标设定与策划分析

一、建设单位对项目质量创优要求分析

建设单位有工程质量创优要求的项目181个，占比69.62%；无质量创优要求的项目79个，占比30.38%。

181个有质量创优要求的项目，其中落实到合同条款且有奖罚金额的101个，占比38.85%（基数是全部样本260个项目）；落实到合同条款但无奖罚金额的41个，占比15.77%；未落实到合同条款的39个，占比15.00%。

1.按项目承包模式分析见表3.3-1。

表3.3-1

类别			PPP项目	工程总承包EPC	施工总承包
数量			20个	55个	185个
建设单位对项目质量创优要求情况	合同有要求且有奖惩	数量	8个	29个	64个
		占比	40.00%	52.73%	34.59%
	合同有要求但无奖惩	数量	3个	10个	28个
		占比	15.00%	18.18%	15.14%
	有要求但未落实到合同	数量	5个	4个	30个
		占比	25.00%	7.27%	16.22%
	无质量创优要求	数量	4个	12个	63个
		占比	20.00%	21.82%	34.05%

2.按项目所属行业分析见表3.3-2。

表3.3-2

类别			建筑	市政公用	交通工程	水利水电	工业工程
数量			166个	52个	25个	11个	6个
建设单位对项目质量创优要求情况	合同有要求且有奖惩	数量	68个	15个	13个	4个	1个
		占比	40.96%	28.85%	52.00%	36.36%	0.00
	合同有要求但无奖惩	数量	28个	7个	2个	2个	2个
		占比	16.87%	13.46%	8.00%	18.18%	50.00%
	有要求但未落实到合同	数量	19个	14个	5个	0个	1个
		占比	11.45%	26.92%	20.00%	0.00	25.00%
	无质量创优要求	数量	51个	16个	5个	5个	2个
		占比	30.72%	30.77%	20.00%	45.45%	25.00%

3.按项目所在地域分析见表3.3-3。

表3.3-3

<table>
<tr><th colspan="3">类别</th><th>东部地区</th><th>中部地区</th><th>西部和东北地区</th></tr>
<tr><td colspan="3">数量</td><td>154个</td><td>57个</td><td>49个</td></tr>
<tr><td rowspan="8">建设单位对项目质量创优要求情况</td><td rowspan="2">合同有要求且有奖惩</td><td>数量</td><td>63个</td><td>26个</td><td>12个</td></tr>
<tr><td>占比</td><td>40.91%</td><td>45.61%</td><td>24.49%</td></tr>
<tr><td rowspan="2">合同有要求但无奖惩</td><td>数量</td><td>25个</td><td>4个</td><td>12个</td></tr>
<tr><td>占比</td><td>16.23%</td><td>7.02%</td><td>24.49%</td></tr>
<tr><td rowspan="2">有要求但未落实到合同</td><td>数量</td><td>19个</td><td>9个</td><td>11个</td></tr>
<tr><td>占比</td><td>12.34%</td><td>15.79%</td><td>22.45%</td></tr>
<tr><td rowspan="2">无质量创优要求</td><td>数量</td><td>47个</td><td>18个</td><td>14个</td></tr>
<tr><td>占比</td><td>30.52%</td><td>31.58%</td><td>28.57%</td></tr>
</table>

4.按项目工程造价分析见表3.3-4。

表3.3-4

<table>
<tr><th colspan="3">类别</th><th>20亿元（含）以上</th><th>10亿元（含）至20亿元</th><th>5亿元（含）至10亿元</th><th>2亿元（含）至5亿元</th><th>0.8亿元（含）至2亿元</th><th>0.8亿元以下</th></tr>
<tr><td colspan="3">数量</td><td>14个</td><td>51个</td><td>55个</td><td>74个</td><td>29个</td><td>37个</td></tr>
<tr><td rowspan="8">建设单位对项目质量创优要求情况</td><td rowspan="2">合同有要求且有奖惩</td><td>数量</td><td>10个</td><td>22个</td><td>24个</td><td>24个</td><td>12个</td><td>9个</td></tr>
<tr><td>占比</td><td>71.43%</td><td>43.14%</td><td>43.64%</td><td>32.43%</td><td>41.38%</td><td>24.32%</td></tr>
<tr><td rowspan="2">合同有要求但无奖惩</td><td>数量</td><td>2个</td><td>13个</td><td>11个</td><td>11个</td><td>1个</td><td>3个</td></tr>
<tr><td>占比</td><td>14.29%</td><td>25.49%</td><td>20.00%</td><td>14.86%</td><td>3.45%</td><td>8.11%</td></tr>
<tr><td rowspan="2">有要求但未落实到合同</td><td>数量</td><td>1个</td><td>7个</td><td>7个</td><td>13个</td><td>4个</td><td>7个</td></tr>
<tr><td>占比</td><td>7.14%</td><td>13.73%</td><td>12.73%</td><td>17.57%</td><td>13.79%</td><td>18.92%</td></tr>
<tr><td rowspan="2">无质量创优要求</td><td>数量</td><td>1个</td><td>9个</td><td>13个</td><td>26个</td><td>12个</td><td>18个</td></tr>
<tr><td>占比</td><td>7.14%</td><td>17.65%</td><td>23.64%</td><td>35.14%</td><td>41.38%</td><td>48.65%</td></tr>
</table>

本次调研反映出建设单位着力加强工程质量管理，大部分明确提出了工程质量要求，并落到合同条款中。建设单位对项目质量创优要求与项目工程造价大小成正比，造价越高，有创优要求的概率越大，创优落实措施也更加明确有力。

二、施工单位主动提高质量目标情况分析

工程承包合同没有明确创优要求（包括建设单位有创优要求但未落实到合同条款和无质量创优要求）的项目118个。但是施工单位主动将质量目标调高，设定创建省部级及以上优质工程奖的项目56个，占比47.46%（其中质量目标为省部级优质工程奖的项目38个，占比32.20%；质量目标为国家级工程质量奖的项目18个，占比15.25%）。

按项目工程造价，分析项目质量目标见表3.3-5。

表3.3-5

类别			20亿元（含）以上	10亿元（含）至20亿元	5亿元（含）至10亿元	2亿元（含）至5亿元	0.8亿元（含）至2亿元	0.8亿元以下
数量			2个	16个	20个	39个	16个	25个
项目质量目标	国家级优质工程奖	数量	1个	6个	2个	8个	1个	1个
		占比	50.00%	37.50%	10.00%	20.51%	6.25%	4.00%
	省部级优质工程奖	数量	0个	6个	11个	9个	5个	6个
		占比	0.00	37.50%	55.00%	23.08%	31.25%	24.00%
合计占比			50.00%	75.00%	65.00%	43.59%	37.50%	28.00%

同样从表中数据可以看出，项目目标设定为省部级及以上优质工程奖与项目工程造价关系紧密，造价越高，质量目标设定为省部级及以上优质工程奖的概率越大。

另外，在工程承包合同没有明确创优要求前提下，施工企业主动将项目质量目标设定为省部级及以上优质工程奖，一方面可以看出施工企业有浓厚的质量创优氛围及创优需求；另一方面也可以看出施工企业质量提升意识增强，推动整个行业向高质量发展方向迈进。

三、项目质量目标设定分析

全部样本260个项目，质量目标设定为国家级优质工程奖的80个，占比30.77%；设定为省部级优质工程奖的87个，占比33.46%；设定为合格和地市级优质工程奖的93个，占比35.77%。

1.按项目承包模式分析见表3.3-6。

表3.3-6

类别			PPP项目	工程总承包EPC	施工总承包
数量			20个	55个	185个
项目质量目标设定情况	国家级优质工程奖	数量	11个	19个	50个
		占比	55.00%	34.55%	27.03%
	省部级优质工程奖	数量	5个	15个	67个
		占比	25.00%	27.27%	36.22%
	合格	数量	4个	21个	68个
		占比	20.00%	38.18%	36.76%

2.按项目所属企业性质分析见表3.3-7。

表3.3-7

类别			央企	地方国企	私营企业
数量			103个	76个	81个
项目质量目标设定情况	国家级优质工程奖	数量	38个	30个	12个
		占比	36.89%	39.47%	14.81%
	省部级优质工程奖	数量	31个	18个	38个
		占比	30.10%	23.68%	46.91%
	合格	数量	34个	28个	31个
		占比	33.01%	36.84%	38.27%

3.按项目所属企业资质分析见表3.3-8。

表3.3-8

类别			特级资质	一级资质	二级及以下资质
数量			166个	88个	6个
项目质量目标设定情况	国家级优质工程奖	数量	64个	16个	0个
		占比	38.55%	18.18%	0.00
	省部级优质工程奖	数量	51个	33个	3个
		占比	30.72%	37.50%	50.00%
	合格	数量	51个	39个	3个
		占比	30.72%	44.32%	50.00%

4.按项目所属行业分析见表3.3-9。

表3.3-9

类别			建筑	市政公用	交通工程	水利水电	工业工程
数量			166个	52个	25个	11个	6个
项目质量目标设定情况	国家级优质工程奖	数量	47个	15个	14个	2个	3个
		占比	28.31%	28.85%	56.00%	18.18%	50.00%
	省部级优质工程奖	数量	58个	18个	6个	3个	2个
		占比	34.94%	34.62%	24.00%	27.27%	33.33%
	合格	数量	61个	19个	5个	6个	1个
		占比	36.75%	36.54%	20.00%	54.55%	16.67%

5.按项目所在地域分析见表3.3-10。

表3.3-10

类别			东部地区	中部地区	西部和东北地区
数量			154个	57个	49个
项目质量目标设定情况	国家级优质工程奖	数量	49个	14个	17个
		占比	31.82%	24.56%	34.69%
	省部级优质工程奖	数量	49个	25个	13个
		占比	31.82%	43.86%	26.53%
	合格	数量	56个	18个	19个
		占比	36.36%	31.58%	38.78%

6.按项目工程造价分析见表3.3-11。

表3.3-11

类别			20亿元(含)以上	10亿元(含)至20亿元	5亿元(含)至10亿元	2亿元(含)至5亿元	0.8亿元(含)至2亿元	0.8亿元以下
数量			14个	51个	55个	74个	29个	37个
项目质量目标设定情况	国家级优质工程奖	数量	9个	31个	17个	17个	4个	2个
		占比	64.29%	60.78%	30.91%	22.97%	13.79%	5.41%
	省部级优质工程奖	数量	3个	13个	22个	26个	12个	11个
		占比	21.43%	25.49%	40.00%	35.14%	41.38%	29.73%
	合格	数量	2个	7个	16个	31个	13个	24个
		占比	14.29%	13.73%	29.09%	41.89%	44.83%	64.86%

从数据可以看出，项目质量目标设定为省部级及以上优质工程奖的项目，特级资质企业所属项目高于一级资质，一级资质高于二级及以下；与项目工程造价成正比，造价越高，项目质量目标设定越高。按照项目类别分析时，交通工程和工业工程造价普遍较大，创省部级以上工程质量奖的比例更高。

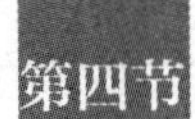
第四节

项目质量管理资源投入分析

一、项目管理人员投入情况分析

项目管理人员投入强度是由企业管理制度、项目类型、规模、工期、造价、不同施工阶段等诸多因素决定的。管理人员投入强度直接决定了项目管理精细程度，对工程质量安全起着决定性作用。不考虑其他因素影响，我们尝试从每亿元造价投入的管理人员数量、检验类（质检员、试验员）人员数量、施工类（施工员、技术员、安全员、测量员、材料员、机械员、劳务员、资料员）人员数量三个角度对样本进行分析。

样本平均每个项目投入的管理人员数量为36.47人。平均每亿元造价投入的管理人员数量为5.13人，平均每亿元造价投入的检验监督人员数量为0.65人，平均每亿元造价投入的施工类人员数量为3.11人。

1.项目投入管理人员数量分布情况见表3.4-1（均值：36.47人，中位数28人）。

表3.4-1

类别	100人（含）以上	50人（含）至100人	30人（含）至50人	20人（含）至30人	10人（含）至20人	10人以下
项目数量	12个	44个	67个	69个	59个	9个
占比	4.62%	16.92%	25.77%	26.54%	22.69%	3.46%

2.每亿元造价投入管理人员数量分布情况见表3.4-2（均值：5.13人/亿元，中位数6.98人/亿元。表头分类区间后缀单位：人/亿元）。

表3.4-2

类别	40（含）以上	20（含）至40	10（含）至20	5（含）至10	5以下
项目数量	14个	21个	51个	94个	80个
占比	5.38%	8.08%	19.62%	36.15%	30.77%

3. 每亿元造价投入检验类人员数量分布情况见表3.4-3（均值：0.65人/亿元，中位数0.84人/亿元。表头分类区间后缀单位：人/亿元）。

表3.4-3

类别	6（含）以上	5（含）至6	4（含）至5	3（含）至4	2（含）至3	1（含）至2	1以下
项目数量	12个	1个	1个	9个	20个	67个	150个
占比	4.62%	0.38%	0.38%	3.46%	7.69%	25.77%	57.69%

4. 每亿元造价投入施工类人员数量分布情况见表3.4-4（均值：3.11人/亿元，中位数4.22人/亿元。表头分类区间后缀单位：人/亿元）。

表3.4-4

类别	16（含）以上	12（含）至16	8（含）至12	6（含）至8	4（含）至6	2（含）至4	2以下
项目数量	21个	13个	20个	31个	56个	76个	43个
占比	8.08%	5.00%	7.69%	11.92%	21.54%	29.23%	16.54%

5. 管理人员投入强度。按照项目承包模式分析见表3.4-5。

表3.4-5

类别	PPP项目	工程总承包EPC	施工总承包
数量	20个	55个	185个
平均每个项目管理人员数量	55.10人	33.84人	35.23人
项目平均工程造价	15.27亿元	9.59亿元	5.49亿元
管理人员平均投入强度	3.61人/亿元	3.53人/亿元	6.42人/亿元
检验类人员平均投入强度	0.42人/亿元	0.39人/亿元	0.85人/亿元
施工类人员平均投入强度	2.03人/亿元	2.10人/亿元	3.96人/亿元

6. 管理人员投入强度。按照项目所属企业性质分析见表3.4-6。

表3.4-6

类别	央企	地方国企	私营企业
数量	103个	76个	81个
平均每个项目管理人员数量	44.93人	31.42人	30.43人
项目平均工程造价	10.36亿元	5.86亿元	4.14亿元
管理人员平均投入强度	4.34人/亿元	5.36人/亿元	7.35人/亿元
检验类人员平均投入强度	0.57人/亿元	0.66人/亿元	0.90人/亿元

续表

类别	央企	地方国企	私营企业
施工类人员平均投入强度	2.56人/亿元	3.16人/亿元	4.80人/亿元

7.管理人员投入强度。按照项目所属企业资质分析见表3.4-7。

表3.4-7

类别	特级资质	一级资质	二级及以下资质
数量	166个	88个	6个
平均每个项目管理人员数量	39.98人	31.31人	14.83人
项目平均工程造价	8.32亿元	5.20亿元	1.69亿元
管理人员平均投入强度	4.81人/亿元	6.02人/亿元	8.76人/亿元
检验类人员平均投入强度	0.61人/亿元	0.76人/亿元	0.98人/亿元
施工类人员平均投入强度	2.89人/亿元	3.72人/亿元	6.01人/亿元

8.管理人员投入强度。按照项目所属行业分析见表3.4-8。

表3.4-8

类别	建筑	市政公用	交通工程	水利水电	工业工程
数量	166个	52个	25个	11个	6个
平均每个项目管理人员数量	30.88人	38.35人	72.76人	30.00人	35.33人
项目平均工程造价	6.29亿元	6.02亿元	14.28亿元	7.82亿元	8.09亿元
管理人员平均投入强度	4.91人/亿元	6.37人/亿元	5.09人/亿元	3.84人/亿元	4.37人/亿元
检验类人员平均投入强度	0.57人/亿元	0.66人/亿元	0.92人/亿元	0.48人/亿元	0.52人/亿元
施工类人员平均投入强度	2.91人/亿元	3.99人/亿元	3.11人/亿元	2.45人/亿元	2.62人/亿元

9.管理人员投入强度。按照项目所在地域分析见表3.4-9。

表3.4-9

类别	东部地区	中部地区	西部和东北地区
数量	154个	57个	49个
平均每个项目管理人员数量	35.07人	33.86人	43.88人
项目平均工程造价	7.02亿元	7.21亿元	7.27亿元
管理人员平均投入强度	5.00人/亿元	4.69人/亿元	6.03人/亿元
检验类人员平均投入强度	0.62人/亿元	0.54人/亿元	0.81人/亿元
施工类人员平均投入强度	3.06人/亿元	2.49人/亿元	3.65人/亿元

10.管理人员投入强度。按项目工程造价分析见表3.4-10。

表3.4-10

类别	20亿元(含)以上	10亿元(含)至20亿元	5亿元(含)至10亿元	2亿元(含)至5亿元	0.8亿元(含)至2亿元	0.8亿元以下
数量	14个	51个	55个	74个	35个	31个
平均每个项目管理人员数量	89.64人	54.06人	40.65人	27.55人	19.34人	16.68人
项目平均工程造价	31.58亿元	14.21亿元	6.88亿元	3.28亿元	1.34亿元	0.42亿元
管理人员平均投入强度	2.84人/亿元	3.80人/亿元	5.90人/亿元	8.39人/亿元	14.43人/亿元	39.79人/亿元
检验类人员平均投入强度	0.46人/亿元	0.47人/亿元	0.72人/亿元	1.02人/亿元	1.66人/亿元	4.62人/亿元
施工类人员平均投入强度	1.78人/亿元	2.36人/亿元	3.34人/亿元	5.10人/亿元	8.14人/亿元	24.40人/亿元

从数据可以看出，管理人员投入强度PPP项目和工程总承包低于施工总承包项目；央企低于地方国企，地方国企低于民营企业项目；特级资质企业低于二级和一级企业项目；造价金额大的低于造价金额小的项目。但是因PPP项目、央企承包项目、特级资质企业承包项目工程造价金额较大，所以整体来看，这些项目管理人员总数较高。

二、项目质量管理人员投入情况分析

(一)项目质检员配置和持证情况

配置了专职质检员的项目237个，占比91.15%；仅配置了兼职质检员的项目23个，占比8.85%。样本项目质检员配置及持证情况见表3.4-11。

表3.4-11

类别	配置专职质检员		仅配置兼职质检员	
数量	237个		23个	
占比	91.15%		8.85%	
持证情况	半数以上有上岗证	半数以上无上岗证	半数以上有上岗证	半数以上无上岗证
数量	223个	14个	14个	9个
占比	85.77%	5.38%	5.38%	3.46%

从数据可以看出，部分项目存在质检员没有上岗证的问题，经电话调研一部分为刚毕业的学生从事质检员工作，一部分为刚转岗从事质检工作，还有极少数是本身就没有取得上岗证从事质检员工作的。这个情况还需引起项目重视，加强质检员培训，做到持证上岗。

1.按项目承包模式分析专职、兼职质检员配置情况见表3.4-12。

表3.4-12

类别		PPP项目	工程总承包EPC	施工总承包
数量		20个	55个	185个
配置专职质检员	数量	13个	52个	172个
	占比	65.00%	94.55%	92.97%
仅兼职质检员	数量	7个	3个	13个
	占比	35.00%	5.45%	7.03%

2.按项目所属企业性质分析专职、兼职质检员配置情况见表3.4-13。

表3.4-13

类别		央企	地方国企	私营企业
数量		103个	76个	81个
配置专职质检员	数量	90个	71个	76个
	占比	87.38%	93.42%	93.83%
仅配置兼职质检员	数量	13个	5个	5个
	占比	12.62%	6.58%	6.17%

3.按项目所属企业资质分析专职、兼职质检员配置情况见表3.4-14。

表3.4-14

类别		特级资质	一级资质	二级及以下资质
数量		166个	88个	6个
配置专职质检员	数量	152个	82个	3个
	占比	91.57%	93.18%	50.00%
仅配置兼职质检员	数量	14个	6个	3个
	占比	8.43%	6.82%	50.00%

4.按项目所在地域分析专职、兼职质检员配置情况见表3.4-15。

表 3.4-15

类别		东部地区	中部地区	西部和东北地区
数量		154个	57个	49个
配置专职质检员	数量	143个	52个	42个
	占比	92.86%	91.23%	85.71%
仅兼职质检员	数量	11个	5个	7个
	占比	7.14%	8.77%	14.29%

5. 按项目所属行业分析专职、兼职质检员配置情况见表 3.4-16。

表 3.4-16

类别		建筑	市政公用	交通工程	水利水电	工业工程
数量		166个	52个	25个	11个	6个
配置专职质检员	数量	154个	48个	18个	11个	6个
	占比	92.77%	92.31%	72.00%	100.00%	100.00%
仅兼职质检员	数量	12个	4个	7个	0个	0个
	占比	7.23%	7.69%	28.00%	0.00	0.00

6. 按项目工程造价金额分析专职、兼职质检员配置情况见表 3.4-17。

表 3.4-17

类别		20亿元(含)以上	10亿元(含)至20亿元	5亿元(含)至10亿元	2亿元(含)至5亿元	0.8亿元(含)至2亿元	0.8亿元以下
数量		14个	51个	55个	74个	35个	31个
配置专职质检员	数量	12个	47个	49个	71个	32个	27个
	占比	85.71%	92.16%	89.09%	95.95%	91.43%	87.10%
仅兼职质检员	数量	2个	4个	6个	3个	3个	4个
	占比	14.29%	7.84%	10.91%	4.05%	8.57%	12.90%

(二)项目分包单位配置质检员情况

调研样本中有3个项目无分包单位，选取257个存在分包单位的项目数据进行分析。项目多数分包配置专职质检员的项目118个，占比45.91%；项目多数分包配置兼职质检员的项目116个，占比45.14%；项目分包没有配置质检员的项目23个，占比8.95%。

（三）项目特种作业人员持证情况

特种作业人员全部都有操作证书的项目240个，占比92.31%；特种作业人员半数以上有操作证书的项目有20个，占比7.69%。

依据《中华人民共和国安全生产法》（2021修正）第三十条的规定：“生产经营单位的特种作业人员必须按照国家有关规定经专门的安全作业培训，取得相应资格，方可上岗作业。”从调查结果看，部分项目的少数特种作业人员存在未经培训，无证上岗的情况，存在较大安全隐患。这些项目未表现出明显的工程承包模式、规模大小、地域、行业之间的差异，呈现均匀分布状态。

（四）试验室建设情况

调研样本试验室设置情况见表3.4-18。

表3.4-18

类别	设立中心试验室	设立标准试验室	单独设置标养室	无试验室
数量	17个	42个	162个	39个
占比	6.54%	16.15%	62.31%	15.00%

回访部分未设置标养室的项目，主要原因有两方面：一是部分装修、机电、园林项目等不涉及钢筋、混凝土施工；二是部分项目处于收尾阶段，已拆除标养室，按当前实际情况填写。

1.按项目承包模式分析见表3.4-19。

表3.4-19

类别		PPP项目	工程总承包EPC	施工总承包
项目数量		20个	55个	185个
设立中心试验室	数量	4个	3个	10个
	占比	20.00%	5.45%	5.41%
设立标准试验室	数量	4个	6个	32个
	占比	20.00%	10.91%	17.30%
设立标准养护室	数量	10个	39个	113个
	占比	50.00%	70.91%	61.08%
无试验室	数量	2个	7个	30个
	占比	10.00%	12.73%	16.22%

2. 按项目所属企业性质分析见表3.4-20。

表3.4-20

类别		央企	国有地方	私营企业
项目数量		103个	76个	81个
设立中心试验室	数量	10个	5个	2个
	占比	9.71%	6.58%	2.47%
设立标准试验室	数量	20个	12个	10个
	占比	19.42%	15.79%	12.35%
设立标准养护室	数量	68个	46个	48个
	占比	66.02%	60.53%	59.26%
无试验室	数量	5个	13个	21个
	占比	4.85%	17.11%	25.93%

3. 按项目所属企业资质分析见表3.4-21。

表3.4-21

类别		特级资质	一级资质	二级及以下资质
项目数量		166个	88个	6个
设立中心试验室	数量	12个	5个	0个
	占比	7.23%	5.68%	0.00
设立标准试验室	数量	26个	16个	0个
	占比	15.66%	18.18%	0.00
设立标准养护室	数量	114个	45个	3个
	占比	68.67%	51.14%	50.00%
无试验室	数量	14个	22个	3个
	占比	8.43%	25.00%	50.00%

4. 按项目所属行业分析见表3.4-22。

表3.4-22

类别		建筑	市政公用	交通工程	水利水电	工业工程
项目数量		166个	52个	25个	11个	6个
设立中心试验室	数量	3个	1个	12个	1个	2个
	占比	1.81%	1.92%	48.00%	9.09%	33.33%

续表

类别		建筑	市政公用	交通工程	水利水电	工业工程
设立标准试验室	数量	16个	12个	10个	4个	2个
	占比	9.64%	23.08%	40.00%	36.36%	33.33%
设立标准养护室	数量	121个	30个	2个	6个	1个
	占比	72.89%	57.69%	8.00%	54.55%	16.67%
无试验室	数量	26个	9个	1个	0个	1个
	占比	15.66%	17.31%	4.00%	0.00	16.67%

5.按项目所在地域分析见表3.4-23。

表3.4-23

类别		东部地区	中部地区	西部和东北地区
项目数量		154个	57个	49个
设立中心试验室	数量	10个	1个	6个
	占比	6.49%	1.75%	12.24%
设立标准试验室	数量	19个	11个	12个
	占比	12.34%	19.30%	24.49%
设立标准养护室	数量	97个	39个	26个
	占比	62.99%	68.42%	53.06%
无试验室	数量	28个	6个	5个
	占比	18.18%	10.53%	10.20%

6.按项目工程造价分析见表3.4-24。

表3.4-24

类别		20(含)亿元以上	10亿元(含)至20亿元	5亿元(含)至10亿元	2亿元(含)至5亿元	0.8亿元(含)至2亿元	0.8亿元以下
项目数量		14个	51个	55个	74个	35个	31个
设立中心试验室	数量	3个	7个	3个	2个	2个	0个
	占比	21.43%	13.73%	5.45%	2.70%	5.71%	0.00
设立标准试验室	数量	2个	11个	13个	11个	1个	4个
	占比	14.29%	21.57%	23.64%	14.86%	2.86%	12.90%
设立标准养护室	数量	8个	30个	34个	50个	24个	16个
	占比	57.14%	58.82%	61.82%	67.57%	68.57%	51.61%

续表

类别		20（含）亿元以上	10亿元（含）至20亿元	5亿元（含）至10亿元	2亿元（含）至5亿元	0.8亿元（含）至2亿元	0.8亿元以下
无试验室	数量	1个	3个	5个	11个	8个	11个
	占比	7.14%	5.88%	9.09%	14.86%	22.86%	35.48%

从数据可以看出，PPP项目、交通工程和工业工程，以及投资规模比较大的工程项目，设立中心试验室和标准试验室的比例高于其他行业，这是由行业特点所决定的。央企设立中心试验室和标准试验室比例较高的原因是项目规模较大，PPP项目、交通工程和工业工程更多由央企总承包。

（五）质量专项资金投入情况

有质量专项资金投入的项目124个，占比47.69%；没有专项质量资金投入的项目136个，占比52.31%。124个有质量专项资金投入的项目中，有108个项目反馈了具体的专项资金投入金额。

针对108个项目进行分析，质量专项资金投入金额最大值为10000万元，最小金额为2.3万元，平均值为483.61万元，中间值为130.00万元。质量专项资金投入金额与项目工程造价的加权（考虑项目工程造价大小）比值为0.61%；专项质量资金投入与项目工程造价的比值最高为19.97%，最低为0.004%。

1.按项目承包模式分析见表3.4-25。

表3.4-25

类别	PPP项目		工程总承包EPC		施工总承包	
数量	20个		55个		185个	
是否有明确的质量专项资金投入	是	否	是	否	是	否
分项数量	9个	11个	24个	31个	75个	110个
在本类别中占比	45.00%	55.00%	43.64%	56.36%	40.54%	59.46%
质量专项资金投入平均值	767.22万元	—	316.63万元	—	503.01万元	—
质量专项资金投入金额与造价的加权比值	0.54%	—	0.33%	—	0.76%	—

2.按项目所属企业性质分析见表3.4-26。

表3.4-26

类别	央企		国有地方		私营企业	
数量	103个		76个		81个	
是否有明确的质量专项资金投入	是	否	是	否	是	否
分项数量	39个	64个	34个	42个	35个	46个
在本类别中占比	37.86%	62.14%	44.74%	55.26%	43.21%	56.79%
质量专项资金投入平均值	641.76万元	—	396.57万元	—	391.94万元	—
质量专项资金投入金额与造价的加权比值	0.53%	—	0.55%	—	0.97%	—

3.按项目所属企业资质分析见表3.4-27。

表3.4-27

类别	特级资质		一级资质		二级及以下资质	
数量	166个		88个		6个	
是否有明确的质量专项资金投入	是	否	是	否	是	否
分项数量	73个	93个	33个	55个	2个	4个
在本类别中占比	43.98%	56.02%	37.50%	62.50%	33.33%	66.67%
质量专项资金投入平均值	478.26万元	—	515.06万元	—	160.00万元	—
质量专项资金投入金额与造价的加权比值	0.53%	—	0.87%	—	1.53%	—

4.按项目所属行业分析见表3.4-28。

表3.4-28

类别	建筑		市政公用		交通工程		水利水电		工业工程	
数量	166个		52个		25个		11个		6个	
是否有明确的质量专项资金投入	是	否	是	否	是	否	是	否	是	否
分项数量	68个	98个	21个	31个	14个	11个	3个	8个	2个	4个
在本类别中占比	40.96%	59.04%	40.38%	59.62%	56.00%	44.00%	27.27%	72.73%	33.33%	66.67%
质量专项资金投入平均值	383.2万元	—	475.05万元	—	1136.43万元	—	62万元	—	50万元	—
质量专项资金投入金额与造价的加权比值	0.54%	—	0.66%	—	0.45%	—	0.75%	—	0.02%	—

5.按项目所在地域分析见表3.4-29。

表3.4-29

类别	东部地区		中部地区		西部和东北地区	
数量	154个		57个		49个	
是否有明确的质量专项资金投入	是	否	是	否	是	否
分项数量	67个	87个	22个	35个	19个	30个
在本类别中占比	43.51%	56.49%	38.60%	61.40%	38.78%	61.22%
质量专项资金投入平均值	581.58万元	—	446.33万元	—	181.29万元	—
质量专项资金投入金额与造价的加权比值	0.69%	—	0.74%	—	0.22%	—

6.按项目工程造价分析见表3.4-30。

表3.4-30

类别	20(含)亿元以上		10亿元(含)至20亿元		5亿元(含)至10亿元		2亿元(含)至5亿元		0.8亿元(含)至2亿元		0.8亿元以下	
数量	14个		51个		55个		74个		35个		31个	
是否有明确的质量专项资金投入	是	否	是	否	是	否	是	否	是	否	是	否
分项数量	6个	8个	30个	21个	20个	35个	31个	43个	12个	23个	9个	22个
在本类别中占比	33.33%	66.67%	60.38%	39.62%	36.36%	63.64%	41.89%	58.11%	34.29%	65.71%	29.03%	70.97%
质量专项资金投入平均值	2500万元	—	421.26万元	—	416.15万元	—	375.27万元	—	318.54万元	—	90.37万元	—
质量专项资金投入金额与造价的加权比值	0.34%	—	0.17%	—	0.58%	—	1.15%	—	2.43%	—	1.83%	—

从数据可以看出，质量专项资金投入大致与项目规模大小成正比，规模越大，投入质量专项资金的概率越高，但是投入金额与项目工程造价的加权比值在逐渐下降。相对于安全文明施工费用计价有明确的费率标准引导，质量提升专项投入一般由项目本身质量目标和企业自身要求决定，难以量化要求。

过程质量控制情况分析

一、检验批验收制度情况

样本项目全部执行检验批验收制度，其中252个项目要求检验批报监理验收前先由项目质检员内部质量检查，占比96.92%。

二、检验批与工程资料同步情况

调研样本中，有240个项目检验批现场验收与资料划分一致且同步进行，占比92.31%；18个项目检验批现场验收与资料划分一致，但资料滞后，占比6.92%；2个项目（PPP项目）检验批现场验收与资料划分不一致，但同步进行，占比0.77%。

从统计数据看，绝大部分项目资料与现场验收同步进行，少数存在资料滞后情况，极个别PPP项目存在检验批现场验收与资料划分不一致情况（经了解，此种情况也是特殊情况下产生的，主要受设计变更或外部施工条件变化的影响，将原一个检验批再分批进行验收）。

三、检验批验收合格率和整改工时情况

（一）项目内部质量检查检验批验收合格率和整改工时情况

本项调查有效样本248个。项目内部质量检查检验批验收一次通过率平均为93.67%，最高一次通过率为100%，最低一次通过率为50%。平均每一检验批整改所需工时2.60工时，所用整改工时最高56工时，最低为0工时（100%通过率时）。

1.内部质量检查检验批验收一次合格率分布情况见表3.5-1。

表3.5-1

类别	100%一次合格	100%至90%（含）	90%至80%（含）	80%以下
项目数量	48个	167个	32个	1个
占比	19.35%	67.34%	12.90%	0.40%

2. 平均每一检验批整改所需工时分布情况见表3.5-2。

表3.5-2

类别	5工时以上	4工时至5工时（含）	3工时至4工时（含）	2工时至3工时（含）	1工时至2工时（含）	0工时至1工时（含）	0工时
项目数量	25个	12个	21个	11个	46个	84个	49个
占比	10.08%	4.84%	8.47%	4.44%	18.55%	33.87%	19.76%

3. 检验批验收合格率和整改工时，按项目承包模式分析见表3.5-3。

表3.5-3

类别	PPP项目	工程总承包EPC	施工总承包
项目数量	19个	51个	178个
平均内部检验批验收一次通过率	93.68%	94.14%	93.53%
平均每一检验批整改所需工时	1.47	2.31	2.71

4. 按项目所属企业性质分析见表3.5-4。

表3.5-4

类别	央企	国有地方	私营企业
项目数量	96个	76个	76个
平均内部检验批验收一次通过率	93.67%	93.98%	93.35%
平均每一检验批整改所需工时	1.71	2.92	3.85

5. 按项目所属企业资质分析见表3.5-5。

表3.5-5

类别	特级资质	一级资质	二级及以下资质
项目数量	158个	84个	6个
平均内部检验批验收一次通过率	93.79%	93.37%	94.67%
平均每一检验批整改所需工时	2.09	3.98	2.58

6. 按项目所属行业分析见表3.5-6。

表3.5-6

类别	建筑	市政公用	交通工程	水利水电	工业工程
项目数量	159个	51个	23个	9个	6个
平均内部检验批验收一次通过率	93.51%	93.68%	95.92%	91.89%	90.50%
平均每一检验批整改所需工时	2.21	4.36	2.71	2.56	3.50

7.按项目所在地域分析见表3.5-7。

表3.5-7

类别	东部地区	中部地区	西部和东北地区
项目数量	148个	55个	45个
平均内部检验批验收一次通过率	93.79%	93.37%	94.67%
平均每一检验批整改所需工时	2.09	3.98	2.58

8.按项目工程造价分析见表3.5-8。

表3.5-8

类别	20亿元（含）以上	10亿元（含）至20亿元	5亿元（含）至10亿元	2亿元（含）至5亿元	0.8亿元（含）至2亿元	0.8亿元以下
项目数量	13个	48个	52个	71个	35个	29个
平均内部检验批验收一次通过率	94.69%	94.87%	94.00%	91.62%	95.19%	93.79%
平均每一检验批整改所需工时	3.19	2.69	1.69	2.45	3.78	3.95

从数据可以看出，平均内部检验批验收一次通过率与项目所属企业性质、资质、行业、区域、承包模式和造价没有明显关联。

（二）项目在没有内部质量检查，直接报监理验收，检验批验收一次通过率及整改工时情况

调查样本中，有96个项目存在未经内部质量检查，直接报监理验收情况，此部分检验批报监理验收平均一次通过率为48.64%，最高一次通过率为100%，最低一次通过率为0.00。平均每一检验批整改所需工时4.07工时，中间值为2工时。所用整改工时最高为56工时，最低为0工时（100%通过率时）。

1.96个没有内部质量检查，直接报监理检验的项目，检验批验收一次通过率分布情况见表3.5-9。

表3.5-9

类别	100%通过率	80%至100%	50%至80%（含）	10%至50%（含）	0至10%（含）	0
项目数量	13个	26个	10个	8个	19个	20个
占比	13.54%	27.08%	10.42%	8.33%	19.79%	20.83%

2.96个没有内部质量检查，直接报监理验收的项目，平均每一检验批整改所需工时分布情况见表3.5-10。

表3.5-10

类别	5工时以上	4工时至5工时（含）	3工时至4工时（含）	2工时至3工时（含）	1工时至2工时（含）	0工时至1工时（含）	0工时
项目数量	15个	5个	7个	10个	17个	29个	13个
占比	15.63%	5.21%	7.29%	10.42%	17.71%	30.21%	13.54%

从数据可以看出，是否经过内部质量检查，检验批验收一次通过率相差巨大。没有内部质量检查，直接报监理验收的检验批平均一次通过率仅约为经过内部质量检查时的一半。平均每一检验批整改所需工时由2.60工时增加到4.07工时。这两个数据的变化可以看出，内部质量检查在提高验收通过率、降低工时浪费和保证质量水平方面的重要性，也是减少资源浪费，提高企业经济效益的关键。

四、返工原因分析

本项调研有240个样本有效。

1.房屋建筑类项目反馈返工主要内容或涉及工序合计864项次，其中钢筋、模板和砌筑为主要返工内容或工序，具体情况见表3.5-11。

表3.5-11

序号	返工内容或工序	发生次数	占比	序号	返工内容或工序	发生次数	占比
1	钢筋	99	11.46%	12	屋面细部构造如排水排气分隔缝等	24	2.78%
2	模板	91	10.53%	13	屋面面层	23	2.66%
3	砌筑	87	10.07%	14	电气配电室、机房、电井	22	2.55%
4	抹灰、瓷砖、涂料	59	6.83%	15	消防及防火封堵	21	2.43%
5	回填土	39	4.51%	16	给水排水	20	2.31%
6	后浇带及施工缝	37	4.28%	17	园林绿化	19	2.20%
7	外墙及孔洞封堵	33	3.82%	18	管道及保温	19	2.20%
8	混凝土	29	3.36%	19	通风空调设备及机房	19	2.20%
9	吊顶	25	2.89%	20	钢结构焊接	19	2.20%
10	门窗	25	2.89%	21	卫生间设施	18	2.08%
11	桩基及桩头处理	25	2.89%	22	轻质隔墙	17	1.97%

续表

序号	返工内容或工序	发生次数	占比	序号	返工内容或工序	发生次数	占比
23	设备基础	15	1.74%	28	屋面爬梯及过桥	10	1.16%
24	给水排水及供暖	14	1.62%	29	电梯	8	0.93%
25	基坑支护	13	1.50%	30	智能建筑	5	0.58%
26	钢结构涂装及防火涂料	13	1.50%	31	栓钉及钢筋连接器	3	0.35%
27	幕墙	12	1.39%	32	高强度螺栓	1	0.12%

2.基础设施类项目反馈返工主要内容或涉及工序合计146项次，其中排水设施、路基、边坡和挡土墙为主要返工内容或工序，具体情况见表3.5-12。

表3.5-12

序号	返工内容或工序	发生次数	占比	序号	返工内容或工序	发生次数	占比
1	排水设施	30	20.55%	8	桥面及附属设施	6	4.11%
2	路基	26	17.81%	9	桥梁上部结构	6	3.42%
3	边坡和挡土墙	23	15.75%	10	交通机电设施	2	1.37%
4	路面及附属设施	20	13.70%	11	隧道洞门	1	0.68%
5	隧道衬砌与管片、隧道防水	12	8.22%	12	轨道和轨道板	1	0.68%
6	隧道附属设施	11	7.53%	13	电气设备安装	1	0.68%
7	桥梁下部结构	7	4.79%	14	通信管道及检查井	1	0.68%

3.样本反馈返工原因合计463项次。其中设计原因（错、漏、碰、缺）、抢工期和人员技能不足为主要返工原因。返工原因统计见表3.5-13。

表3.5-13

返工原因	设计原因	抢工期	人员技能不足	前道工序不合格	工序不合理	设备或材料不合格	工艺错误	成品保护不到位	天气原因	管理人员责任心不足	合计
发生次数	155	104	81	42	38	20	19	2	1	1	463
占比	33.48%	22.46%	17.49%	9.07%	8.21%	4.32%	4.10%	0.43%	0.22%	0.22%	100%

从数据可以看出，项目返工内容或涉及工序，呈现面广、点多、频发的特点，施工各阶段均有涉及。建议各责任主体强化底线意识，深入分析返工原因，全过程加强沟通与协调。建设单位做到招标内容明确、设计和施工工期合理、减少变更。设计单

位做好图纸各专业的协同配合、确保图纸一致性，避免图纸不交圈；设计深度满足要求，及时变更。监理单位要做好对项目实施过程各个环节的监督与指导，重点把好材料审核关、质量监控关、安全管控关。施工单位要加强图纸审图与深化优化能力，加强人员技能培训，做好质量策划、方案交底，特别是对一线操作工人的作业指导，同时做好总结分析，制定统一工艺标准，提高质量管理水平。尤其针对重复性高、工程量大的工序要重点把控，如钢筋绑扎和间距控制、模板支设、混凝土浇筑、砌筑等，多管齐下，减少返工发生。

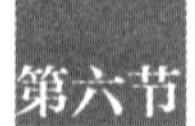

质量监督检查和质量报告提供情况

一、项目接受质量监督检查情况分析

调研项目样本中，只有一个项目（造价300万元）没有接受过各类质量检查（包含有质量检查内容的综合检查，下同），其他项目均接受过各类质量检查。各类质量检查汇总平均次数为26.49次/年，中间值为21次/年，接受检查次数最多的项目为167次/年、最少的为2次/年。其中接受过上级单位（不含项目所属分公司）进行质量检查的项目，平均接受检查次数为8.62次/年；接受过外部单位（建设单位、第三方飞检）进行质量检查的项目，平均接受检查次数为12.32次/年；接受过外部单位（各类协会、学会等）进行质量检查的项目，平均接受检查次数为2.85次/年；接受过当地政府质量监督部门进行监督检查的项目，平均接受检查次数为9.08次/年。

1.项目各类检查每年汇总次数分布表见表3.6-1（平均次数为26.49次/年，中间值为21次/年）。

表3.6-1

类别	50次（含）以上	40次（含）至50次	30次（含）至40次	20次（含）至30次	10次（含）至20次	1次（含）至10次	0次
项目数量	29个	21个	37个	54个	69个	49个	1个
占比	11.15%	8.08%	14.23%	20.77%	26.54%	18.85%	0.38%

2.项目每年接受各类检查的平均次数见表3.6-2。

表3.6-2

序号	接受过上级单位进行质量检查的项目（不含项目所属分公司）	接受过外部单位进行质量检查的项目（建设单位、第三方飞检）	接受过外部单位进行质量检查的项目（各类协会、学会等）	接受过当地政府质量监督部门进行质量检查的项目	各类检查综合计算平均数
数量	241个	208个	78个	220个	259个
平均接受对应单位检查次数	8 .62次/年	12.32 次/年	2.85 次/年	9 .08次/年	26.49次/年

3.项目接受各类检查平均次数，按照工程承包模式分析见表3.6-3。

表3.6-3

类别	PPP项目	工程总承包EPC	施工总承包
上级单位（不含项目所属分公司）对项目进行质量检查年平均次数	6.85 次/年	7.93次/年	7.90次/年
外部单位（建设单位、第三方飞检）对项目进行质量检查年平均次数	9.70次/年	7.75次/年	10 .23次/年
外部单位（各类协会、学会等）对项目进行质量检查年平均次数	0.80次/年	0.85次/年	0.79次/年
当地政府质量监督部门对项目进行监督检查年平均次数	10.15次/年	6.89 次/年	7.41次/年
各类检查汇总年平均次数	27.50次/年	23.42次/年	26.33次/年

4.项目接受各类检查平均次数，按照项目所属企业性质分析见表3.6-4。

表3.6-4

类别	央企	地方国企	私营企业
上级单位（不含项目所属分公司）对项目进行质量检查年平均次数	5.78次/年	9.51次/年	8.84次/年
外部单位（建设单位、第三方飞检）对项目进行质量检查年平均次数	8.24次/年	12.29次/年	9.01次/年
外部单位（各类协会、学会等）对项目进行质量检查年平均次数	0.74次/年	0.80次/年	0.90次/年
当地政府质量监督部门对项目进行监督检查年平均次数	5.92次/年	9.11次/年	8.02次/年
各类检查汇总年平均次数	20.68次/年	31.71次/年	26.77次/年

5.项目接受各类检查平均次数，按照项目所属企业资质分析见表3.6-5。

表3.6-5

类别	特级资质	一级资质	二级及以下资质
上级单位（不含项目所属分公司）对项目进行质量检查年平均次数	7.30次/年	8.81次/年	8.00次/年
外部单位（建设单位、第三方飞检）对项目进行质量检查年平均次数	9.26次/年	10.64次/年	6.67次/年
外部单位（各类协会、学会等）对项目进行质量检查年平均次数	0.75次/年	0.89次/年	1.33次/年
当地政府质量监督部门对项目进行监督检查年平均次数	7.58次/年	7.14次/年	11.33次/年
各类检查汇总年平均次数	24.89次/年	27.48次/年	27.33次/年

6.项目接受各类检查平均次数，按照项目所在行业分析见表3.6-6。

表3.6-6

类别	建筑	市政公用	交通工程	水利水电	工业工程
上级单位（不含项目所属分公司）对项目进行质量检查年平均次数	8.04次/年	9.09次/年	10.60次/年	2.91次/年	1.83次/年
外部单位（建设单位、第三方飞检）对项目进行质量检查年平均次数	8.41次/年	13.11次/年	19.60次/年	3.36次/年	2.83次/年
外部单位（各类协会、学会等）对项目进行质量检查年平均次数	0.65次/年	1.41次/年	1.56次/年	0.36次/年	0.33次/年
当地政府质量监督部门对项目进行监督检查年平均次数	8.51次/年	7.15次/年	6.84次/年	6.91次/年	2.83次/年
各类检查汇总年平均次数	25.61次/年	30.76次/年	38.60次/年	13.54次/年	7.82次/年

7.项目接受各类检查平均次数，按照项目所在地域分析见表3.6-7。

表3.6-7

类别	东部地区	中部地区	西部和东北地区
上级单位（不含项目所属分公司）对项目进行质量检查年平均次数	7.84次/年	9.75次/年	7.07次/年
外部单位（建设单位、第三方飞检）对项目进行质量检查年平均次数	10.41次/年	9.68次/年	9.17次/年
外部单位（各类协会、学会等）对项目进行质量检查年平均次数	0.83次/年	0.65次/年	1.19次/年

续表

类别	东部地区	中部地区	西部和东北地区
当地政府质量监督部门对项目进行监督检查年平均次数	8.03次/年	8.23次/年	6.55次/年
各类检查汇总年平均次数	27.11次/年	28.31次/年	23.98次/年

8.项目接受各类检查平均次数，按照项目工程造价分析见表3.6-8。

表3.6-8

类别	20亿元(含)以上	10亿元(含)至20亿元	5亿元(含)至10亿元	2亿元(含)至5亿元	0.8亿元(含)至2亿元	0.8亿元以下
上级单位(不含项目所属分公司)对项目进行质量检查年平均次数	8.50次/年	8.63次/年	6.48次/年	8.85次/年	9.60次/年	4.65次/年
外部单位(建设单位、第三方飞检)对项目进行质量检查年平均次数	22.50次/年	8.69次/年	10.54次/年	9.47次/年	9.60次/年	5.08次/年
外部单位(各类协会、学会等)对项目进行质量检查年平均次数	0.86次/年	1.22次/年	0.70次/年	0.97次/年	0.51次/年	0.54次/年
当地政府质量监督部门对项目进行监督检查年平均次数	4.93次/年	7.73次/年	7.69次/年	8.27次/年	5.69次/年	5.22次/年
各类检查汇总年平均次数	36.79次/年	26.27次/年	25.41次/年	27.56次/年	25.40次/年	15.49次/年

从数据可以看出，项目接受外部单位(建设单位、第三方飞检)检查次数占总迎检次数的37.35%，接受上级单位检查次数占总迎检次数的30.29%，接受当地政府质量监督部门检查次数占总迎检次数的29.12%，这三项合计占比达96.76%，是项目的主要迎检内容。水利水电项目、工业项目因管理体制的原因，接受检查的次数相对较少；项目规模越大，接受检查的次数越多。在某种程度上，“检查多服务少”的现状对项目造成一定负担。

二、质量报告情况

样本中对上级单位或外部单位提供项目质量管理情况报告的项目208个，占比80.00%。

1.按项目承包模式见表3.6-9。

表3.6-9

类别	PPP项目	工程总承包EPC	施工总承包
项目数量	20个	55个	185个
提供质量管理报告	19个	46个	143个
占比	95.00%	83.64%	77.30%

2.按项目所属企业性质见表3.6-10。

表3.6-10

类别	央企	地方国企	私营企业
项目数量	103个	76个	81个
提供质量管理报告	84个	60个	64个
占比	81.55%	78.95%	79.01%

3.按项目所属企业资质见表3.6-11。

表3.6-11

类别	特级资质	一级资质	二级及以下资质
项目数量	166个	88个	6个
提供质量管理报告	137个	65个	6个
占比	82.53%	73.86%	100.00%

4.按项目所属行业见表3.6-12。

表3.6-12

类别	建筑	市政公用	交通工程	水利水电	工业工程
项目数量	166个	52个	25个	11个	6个
提供质量管理报告	132个	41个	22个	9个	4个
占比	79.52%	78.85%	88.00%	81.82%	66.67%

5.按项目所在地域分析见表3.6-13。

表3.6-13

类别	东部地区	中部地区	西部和东北地区
项目数量	154个	57个	49个
提供质量管理报告	117个	51个	40个
占比	75.97%	89.47%	81.63%

6.按项目工程造价见表3.6-14。

表3.6-14

类别	20亿元（含）以上	10亿元（含）至20亿元	5亿元（含）至10亿元	2亿元（含）至5亿元	0.8亿元（含）至2亿元	0.8亿元以下
项目数量	14个	51个	55个	74个	29个	37个
提供质量管理报告	11个	45个	45个	53个	24个	30个
占比	78.57%	88.24%	81.82%	71.62%	82.76%	81.08%

从数据可以看出，多数企业都向上级单位或外部单位提供质量管理报告。质量管理报告的提供与项目承包模式关系明显，PPP项目高于工程总承包项目，工程总承包项目高于施工总承包项目。

第四章

结论和建议

依据第二章和第三章分析，总结工程建设企业和项目质量管理的主要特点，并提出相关管理建议，谨供参考。

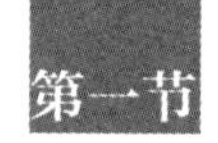

企业部分

一、企业劳动生产率

企业人数规模增长，人均产值不升反降。

将企业按人数规模分类统计后计算人均年产值，随着企业人数规模增加，人均年产值逐渐下降。根据数据分析结果，规模分类最大的企业人均年产值约为规模分类最小企业的55%，差值约290万元。原因是复杂的，是企业项目管理模式不同，规模增大后效率降低，营收增长率低于人员增加率等多种因素叠加的结果。

二、质量管理职能部门设置

1.公司层级设置“首席质量官”较少。

约15%的企业在领导层设置专职质量负责人，其他约85%的企业未设置专职质量分管领导，一般由分管技术或生产的企业领导兼职负责质量管理工作。国家推行“首席质量官”制度近十年时间，专职设置质量分管领导这一现象改观不大，工程建设企业还需要持续努力。

2.公司设置独立质量管理部门较少。

独立设置质量管理部门，有利于发挥质量监督作用，加强质量管理。调研样本中79%的企业质量管理部门不是独立部门，而是联合部门，如技术质量部、项管部、工程管理部等。相比目前企业对安全工作的重视，显然对质量工作重视程度还需要持续加强。

3.质量管理部门职能设置结论及建议。

质量管理部门设置状况总体上与“百年大计，质量第一”的方针要求还有差距，需要在行业继续营造“质量第一”的氛围，推动企业持续把质量工作作为核心业务来抓，呼吁企业设置专职质量主管领导岗位和独立质量管理部门。

三、企业质量管理流程和制度

1.企业质量管理体系认证通过率高，但质量管理流程不够清晰、详细。

因生产经营需要，几乎所有企业通过ISO 9000体系认证；大多数具有明确的组织管理构架和组织机构图，建立企业质量管理体系基本构架。但是具有明确的企业质量管理流程图或质量体系要素职责分配表的企业仅约一半。完善、清晰、明确的质量管理体系和质量管理流程是质量工作规范化、流程化、标准化管理的前提，是进一步信息化管理的保证，有利于企业提高整体质量管理水平。

2.企业质量管理制度较为齐全，质量管理方法有创新、有亮点。

绝大多数企业建立了质量管理制度。多数企业的质量管理制度约20项，贯通企业和项目质量管理两个层面，能够覆盖施工全部过程。多数企业编制了质量管理手册、制度汇编等。值得推广的是部分企业建立了质量“工匠之星”实施指南、质量风险红黄牌警示、质量底线管理等制度和办法，加强了工人技能和质量底线管理，方法有创新。

3.企业年度质量管理目标明确，但指标量化程度尚需提高。

几乎全部的企业都具有明确的年度质量管理目标，但是有约五分之二的企业没有设置量化指标，没有自上而下明确具体的量化指标要求。没有设置量化指标的企业无法将质量目标纳入考核评价体系，目标导向作用不明显，质量管理主要依靠基层自我要求，影响企业质量管理效果。

4.质量管理流程和制度方面结论及建议。

企业对于质量体系认证普遍比较重视，质量管理制度也较为齐全，但是专业承包企业、新成立的私营企业管理制度尚显薄弱，需要持续加强质量管理制度建设。还有部分企业需要将年度质量管理目标分解量化为具体指标。

企业普遍存在重视质量管理体系认证，但轻视质量管理流程的问题，在专业承包企业和新成立的私营企业中表现尤为突出。需要企业进行业务流程梳理，明确岗位质量职责，明确质量管理流程，做到质量管理横向到边、竖向到底，进而实现质量管理的标准化、信息化，提高企业的质量管理水平与效率。

四、主要质量管理资源投入

1.企业总部质量管理部门人员具有“人数多、素质高”的特点。

企业总部（含分公司机关）专职质量管理人员平均为25.2人/家，中位数9人，数量比较充足。专职质量管理人员中，80%学历为本科及以上，80%具有五年以上质量管理工作经验，整体素质较高。

2.项目配置专职质检员呈现“比例高、平均少”的特点。

本次调研企业配置专职质检员比例达97.48%，几乎所有的企业都在项目上配置专职质检员。但是每个项目平均投入专职质检员人数仅为1.4人、兼职质检员人数0.46人，企业在每个项目投入的质量管理人员数量偏少。

3.企业对质量管理人员的继续教育越来越重视，数据显示质量管理人员继续教育学时在逐年增加。

4.企业工艺标准（工艺手册，含正式印发的作业指导书）和质量手册编制情况整体良好。

96.86%的样本企业编制了质量手册，但是五年内编制（更新）了质量手册的企业占比减少至70.44%，显示部分企业的质量手册已经不能适应当前需要。72.96%的样本企业编制了工艺标准（工艺手册），五年内编制（更新）了工艺标准（手册）的企业减少至66.04%，这两个数据都不是很理想。

工程建设领域“四新”技术推陈出新速度比较快，BIM等信息化手段使用越来越广泛，建议企业更多地采用信息化的手段，及时编制（更新）工艺标准（工艺手册）。

5.主要质量管理资源投入结论及建议。

从调研数据看，企业总部专职质量管理人员数量充足，素质较高。单个项目投入的质检员数量偏少，专职质检员项目平均不足2人，项目质检资源投入不足。建议企业继续加大一线质检人员配置力度，增加专职质检员人数，保证每个项目至少配置两个或两个以上专职质检员。同时加强专职、兼职质检员教育培训，鼓励学习取得上岗证书。顺应施工技术发展，及时编制（更新）企业工艺标准（工艺手册）。

五、企业质量管理成果

1.获得工程质量奖。

调研样本获奖比例远高于行业平均水平，这些企业的市场经营能力、创优意识、创优策划和实施能力都比较强。但是获奖情况在央企、地方国企和民营企业之间很不均衡，民营企业在获取优质项目、创优策划和实施等方面还需要进一步加强。

2.质量维修问题分类。

样本企业2021年尚在质保期内项目的质量维修支出占2021年产值的0.000571，即万分之五点七一。

房建工程维修次数最多的是屋面防水，其次是抹灰开裂及空鼓，再次是外墙防水和地下室渗漏。可见防水（屋面、外墙、地下室、卫生间）依旧是质量维修支出经常性内容；外墙（涂料、保温、幕墙）维修提及次数也较多，也是主要的维修支出项目。受力构件维修问题虽然占比较少，但依然存在。

基础设施维修主要内容为路面（桥面）及附属设施、隧道病害、边坡和挡土墙、路基，但也有少数维修涉及桥墩等结构安全方面。

3.企业质量管理成果方面结论及建议。

相较于央企和地方国企，民营企业在获取优质项目，加强创优策划和实施方面还需要加强努力。

防水、外墙、装饰装修是房屋建筑工程质量问题集中之处。建筑工程项目需要花大力气尽快解决防水、外墙和装饰装修的质量问题，加强设计、选材、工艺、工人技能的管理。隧道病害（渗漏、空鼓、二衬裂缝等）、路面及附属设施、路基等是基础设施类项目问题集中之处。企业应投入精力着重解决桥墩、隧道病害等问题，以及路基、桥面、路面这些量大面广的问题。

无论是房屋建筑还是基础设施项目，影响结构安全的问题虽然数量少，但依然存在。

项目部分

一、项目质量管理体系

1.项目班子成员专人负责质量工作比例较低且不平衡。

项目班子成员专人负责质量工作的占比仅为26.92%，多数项目的质量工作仍由项目总工兼职负责管理。在项目设置质量总监整体偏低情况下，央企和特级资质企业好于其他企业。项目总工既管理质量要素，同时也监管质量检查监督，角色职能存在冲突。

2.项目质量管理部门单独设置比例有所提高。

单独设置质量管理部门的项目占比48.85%，将质量管理部门同其他业务部门分离，保证质量监督工作独立开展，有利于提高质量管理水平。其余项目将质量与技术、生产、安全、环保等其中一项或多项管理职能联合设置部门，不利于发挥质量监督作用。

3.项目管理制度制定权限多以企业为主。

项目部管理制度审批权限在企业的占比71.54%，企业通过标准化、集约化的管理，有利于均质化提高项目质量管理水平。工程总承包和施工总承包项目更愿意采用企业起草、审批项目管理制度的方式加强管理。PPP项目更多将管理权限授予SPV公司或者项目公司。项目规模越大，企业赋予项目部的权限越大。

4.项目质量管理组织架构和质量管理流程的针对性、合理性有待提高。

部分项目直接借用现行国家标准《质量管理体系 要求》GB/T 19001有关图表，没有结合工程自身特点，建立科学合理的项目质量管理机构和管理流程，质量管理组织架构和流程相似度偏高。项目质量管理组织架构和流程既要体现规范性，也要体现合理性、针对性，满足企业和项目的管理需求。

提供质量管理具体、详细流程的项目部数量偏少。多数项目提供的是项目的整个质量管理流程，没有按质量形成规律或过程划分成为多个有针对性、可操作的质量管理程序。部分项目质量管理基本流程不够完善，仅有施工工序质量控制流程，没有其他流程。

5.完善项目质量管理体系的建议。

项目班子成员专职负责质量工作和项目独立设置质量管理部门的比例偏低，企业和项目还需要继续强化“质量第一”的意识，落实国家设立“首席质量官”的要求。多数企业没有对项目的质量管理体系基本组织构架与质量管理基本流程做出要求，对专职质检员数量和质量没有要求。建议在企业层面应对此做出基本规定，要求项目建立合理完善、有针对性质量监督职能独立及质量管理流程可操作性强的质量管理体系，推动项目质量管理标准化，提高企业质量管理水平。

二、项目质量目标设定与策划

1.建设单位创建优质工程奖意识越来越强。

约七成调研样本项目有创建优质工程奖计划，且一半项目将创优目标落实到工程承包合同中，40%左右的项目还在承包合同中约定了奖罚金额。体现了建设单位对工程质量的重视，表明了建设单位履行首要责任的态度。

2.施工单位一如既往重视质量创优工作。

在建设单位无质量创优要求，或者有创优要求但未落实到工程承包合同条款的项目中，有一半项目施工单位主动将质量目标提高到创建省部级以上优质工程奖。这反映了施工企业从市场开拓、树立企业良好形象等角度出发，一如既往重视质量创优工作。

3.项目质量目标设定与质量策划的结论和建议。

建议建设单位进一步落实首要责任，发挥核心作用，牵头其他四方主体，统筹项目达成质量目标的资源与途径；进一步回应“优质优价”的行业呼声，采取多种措施鼓励各方建设高品质工程。建议施工单位继续保持工程质量提升的热情，加强过程质量控制，过程创优、一次成优。

三、项目质量管理资源投入分析

1. PPP项目、央企、特级资质企业承包项目管理人员规模大，投入强度低。

PPP项目、央企、特级资质企业承包项目，单个项目管理人员数量较其他更多，但是以每亿元造价投入的管理人员数量计算投入强度，反而偏小。其项目管理人员数量较多，并不是因为投入强度更大，而是因为项目规模更大。

2.少数项目缺乏专职质检员，少数特种作业人员存在无证上岗情况。

样本项目全部配置了质检员，其中配置专职质检员的项目占比91.15%，依然有一部分项目没有配置专职质检员。考虑到调研样本是行业内比较好的项目，其余项目不配置专职质检员的比例会更高。另外需要引起重视的是还有大量质检员没有上岗证。

生产经营单位特种作业人员必须持证上岗。从调查结果看，依然存在未经培训无证上岗情况，无法做到特种作业人员全部持证上岗，留有较大质量安全隐患。

3.中心试验室和标准试验室设置与项目所属行业、造价关系紧密。

交通工程和工业工程以及其他投资规模比较大的工程项目，设立中心试验室和标准试验室的比例高于其他行业。央企设立中心试验室和标准试验室的比例高于其他。

4.质量专项资金投入存在难以量化推广的问题。

约50%的项目有质量专项资金投入，质量专项资金投入大致在千分之五。相对于安全文明措施费有明确的费率标准计价，质量专项资金投入一般由企业自身要求和项目本身目标决定，缺乏量化标准。

5.质量管理资源投入的意见建议。

建议企业继续加大一线质检人员配置力度，增加专职质检员人数，保证每个项目至少配置两个或两个以上专职质检员。加强专职、兼职质检员职业技能教育，提升质量管理技能水平。尤其是特种作业人员，必须做到持证上岗。

四、过程质量控制情况分析

1.部分项目检验批验收程序存在漏洞。

部分项目没有完全执行“三检制”，检验批报监理验收前无内部质量检查。数据表明，没有内部质量检查直接报监理验收的检验批平均一次通过率，约为有内部质量检查时的一半；检验批整改工时也高出约50%。内部质量检查是提高检验批验收通过率和保证质量水平的重要环节，也是项目减少返工、提高效率、减少资源浪费的关键。项目应依托质量管理组织架构和流程，完善检验批验收程序，提高质量管理水平。

2.项目返工内容或涉及工序。

项目返工内容或涉及工序，呈现面广、点多、频发的特点，施工各阶段均有涉及。五方责任主体要强化底线意识，深入分析返工原因，多方采取有效措施，全过程加强沟通与协调，多管齐下，减少返工发生。

3.过程质量控制方面的建议。

过程质量控制应从设计深度、施工人员技能和控制抢工期入手，降低成本，减少资源浪费。建议建设单位合理规划工期；设计单位提高项目设计水平，设计深度满足要求；施工单位加强深化设计工作，合理工期均衡生产，严格按方案施工，提高技术交底针对性，加强施工人员技能培训，有效指导工人施工，通过提高工序质量实现项目过程质量控制。

五、质量监督检查和质量报告提供情况

项目接受监督检查频次高、压力大。

调研样本平均接受各类检查26.49次/年，最多167次/年。外部单位（建设单位、第三方飞检）、上级单位（不含项目所在分公司）、当地政府质量安全部门检查次数合计占总次数的96.76%，是项目检查主体。各类检查初衷是美好的，但随着检查频次增加，也给项目造成一定负担。建议各检查主体继续加强服务理念，减少检查、增加服务，为项目“减负”。

调研样本中80%的项目，向上级单位或外部单位提供质量管理报告。

II

第二篇

工程建设企业和项目质量管理典型案例

以建设精品工程为目标
践行“高品质履约” 实现客户满意

——中国建筑第二工程局有限公司

企业概况

中国建筑第二工程局有限公司组建于1952年，总部设在北京，注册资本100亿元，是世界500强企业——中国建筑股份有限公司的全资子公司。公司年合同额超4000亿元，年营业收入超2000亿元，综合授信额度超1600亿元，主体信用评级AAA级，是集投资、建造、运营一体化发展的国有大型投资建设集团。公司设有二级机构22家，其中全资子公司10家、区域分公司5家、专业分公司4家、海外机构2家、控股公司1家，现有员工近5万人。

公司拥有房屋建筑施工总承包、市政公用工程施工总承包等6项特级资质，以及地基与基础工程、建筑装修装饰工程、钢结构工程、桥梁工程、公路路基工程专业承包一级，建筑行业（建筑工程）设计甲级等各类资质共127项，具备建筑行业强大的全产业链、全生产要素、全生命周期的经营管理能力。

作为中建集团的“长子”企业，是中建集团成立最早的工程局，前身是中国人民解放军华东野战军步兵第99师，1952年，卸甲从工，成为新中国的第一批建设者，是国家“一五”时期156项重点工程建设的骨干队伍，主要承担了长春一汽、一重、二重等国家国防工程和重要基础设施建设。20世纪60年代，奔驰西南进行三线建设，70年代，唐山大地震后又驰援唐山抗震救灾，被授予“工业建设的先锋，南征北战的铁军”。

70年来公司坚定服务国家发展战略，努力形成与国家战略高度匹配的市场布局、组织架构。1982年，作为首家进入深圳参加建设的外地建筑国企，公司承建了大亚湾核电站、深圳地王大厦、深圳妈湾电厂等一大批代表工程，创造了两天半一层楼的新“深圳速度”。2022年来，持续融入京津冀协同发展、粤港澳大湾区建设、长三角一体化发展、长江经济带发展、黄河流域生态保护等国家重大战略发展区域，坚定深耕“1+3+8+5”战略区域，市场份额占比超过90%。公司也是中建集团第一批出海的骨干子企业，30余年来，形成了以越南为中心辐射周边的东南亚区域和以南非为中心辐射周边的东南非区域的海外市场布局，成功进入20多个国别，先后承接了越南VISTA项目等一批代表中国建筑的精品工程，并多次荣获境外工程鲁班奖。

企业质量管理体系制度

2.1 质量管理体系建设方面

为提高企业的质量管理能力，提升企业质量管理效率，从2012年开始，我局成立独立的质量管理部门，行使企业质量监督体系职能，自此形成了完整的质量管理决策、保证、监督三大体系及管理机制。

全局建立了质量管理决策体系，设立质量管理委员会作为决策机构，由单位董事长担任主任委员，其他领导班子和各部门负责人任委员会成员，保持体系有效运行。全局的质量保证体系对直接或间接影响工程质量的人力资源、材料物资、施工设备、施工及技术管理、商务等因素有效控制，确保工程质量在施工中始终处于受控状态。全局的监督体系对企业的质量管理体系的运行负监督责任，确保发挥其监督、监控的职能，并保证产品质量交验前处于合格状态。

截至目前全局质量管理监督体系人员共4807人，其中局及二级单位总部103人，三级次机构总部315人，项目部4389人，人均监管面积4.96万m^2，二、三级机构质量总监配置率100%，质量管理监督部门及管理人员设置符合率100%（图1）。

在监督体系机构设置方面，我局搭建了在质量决策体系领导下的独立质量监督管理部门，要求局总部、局属二级单位总部及规模较大的局属三级次机构必须独立设置，并按要求配置足够的质量管理专职管理人员。各级单位的质量监督体系对企业的质量管理体系的运行负监督责任，确保发挥其监督、监控的职能，保证企业产品质量始终处于受控状态。

在组织管理中，一是各级单位均须设置专职质量总监，且须有8年以上质量管理

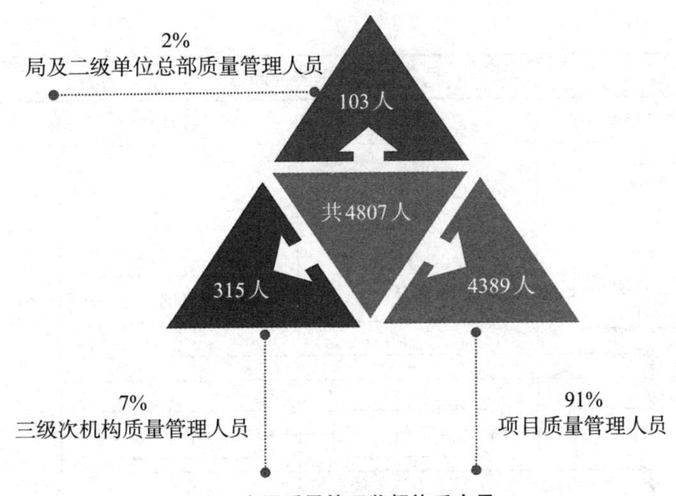

图1　全局质量管理监督体系人员

工作经验及中高级职称，各级质量总监负责监督企业质量管理体系的运行，对质量监管工作负领导责任；同时参与制定企业质量管理中长期规划和企业年度质量工作计划；指导质量管理部门开展工作，并组织对下属单位质量管理工作进行质量考核，提出奖罚意见。二是各二级单位质量管理部门均配置全专业质量监督岗，各三级次机构总部按照每120万m^2在施面积（或8个项目）配置1个专业配套的质量管理人员，做到全要素质量管理职责清晰、岗位明确。

在日常管理中，各级质量监督部门负责本企业质委会的日常工作，负责上报企业质量管理运行情况，同时接受上级质量监督体系垂直管理，落实上级质量管控要求，定期组织召开各项质量会议，负责协调、督促质量保证体系各部门完成各自相应职责并落实绩效考核。

2.2 质量管理制度建设方面

形成“1524”的质量管理制度体系，即以《质量管理制度》为基础制度，分过程管控、风险管控、管理标准化、创高优管控、奖罚与考核5个方面共24项制度。

2.2.1 质量过程管控方面（表1）

1. 质量过程管理策划阶段

1）工程质量管理计划

《项目工程质量管理计划》是项目工程质量管理的总体策划文件，是项目工程质

表1

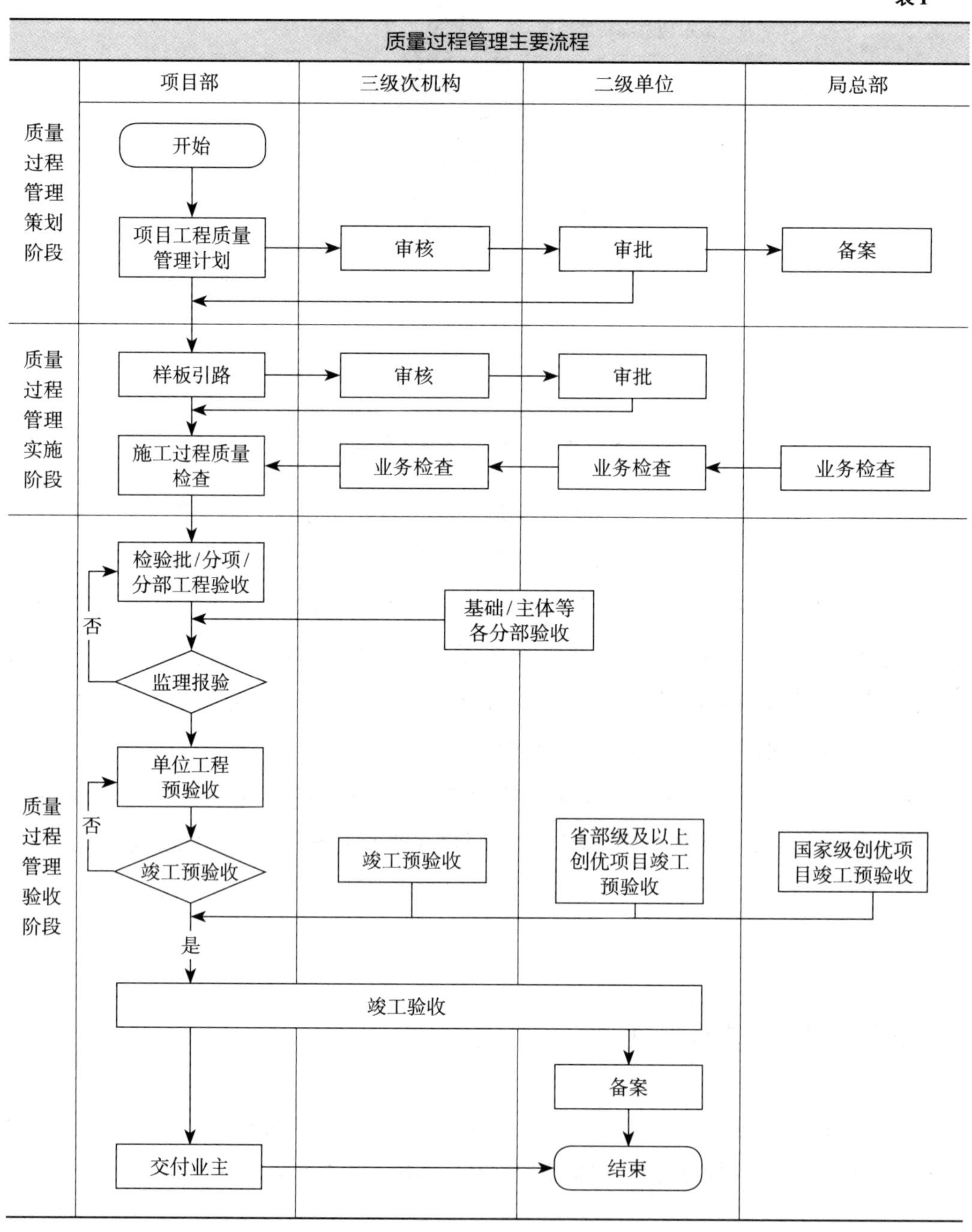

量管理应遵循的纲领性文件。局编制并下发《项目工程质量管理计划编制指引》，从项目目标管理、组织管理、过程实施、资料管理、竣工及交付管理、信息化管理等12个方面进行要求，提升项目工程质量管理计划编制水平。

2）工程质量创优策划

对创省级优质工程奖以上的房建类、基础设施类项目，要求编制《质量创优策划书》，深入分析工程项目的施工技术特点、难点，确定质量控制重点，细化质量控制技术、组织、管理措施，对质量目标进行分解，从管理职能上要求分解到部门、管理人员和施工班组，从工程本身要求分解到分项工程的具体质量标准。创高优（国优、鲁班）项目质量创优策划书经二级单位审批，并报局质量管理部备案。

2.质量过程管理实施阶段

1）样板引路制度（表2）

工程质量“样板引路”是质量管理重要措施之一，推行样板引路有利于工程设计、施工工艺、工序、工法的优化；有利于加强对工程施工原材料、重要工序、关键环节等的质量控制，减少工程质量通病，提高工程质量；有利于为一线员工、作

表2

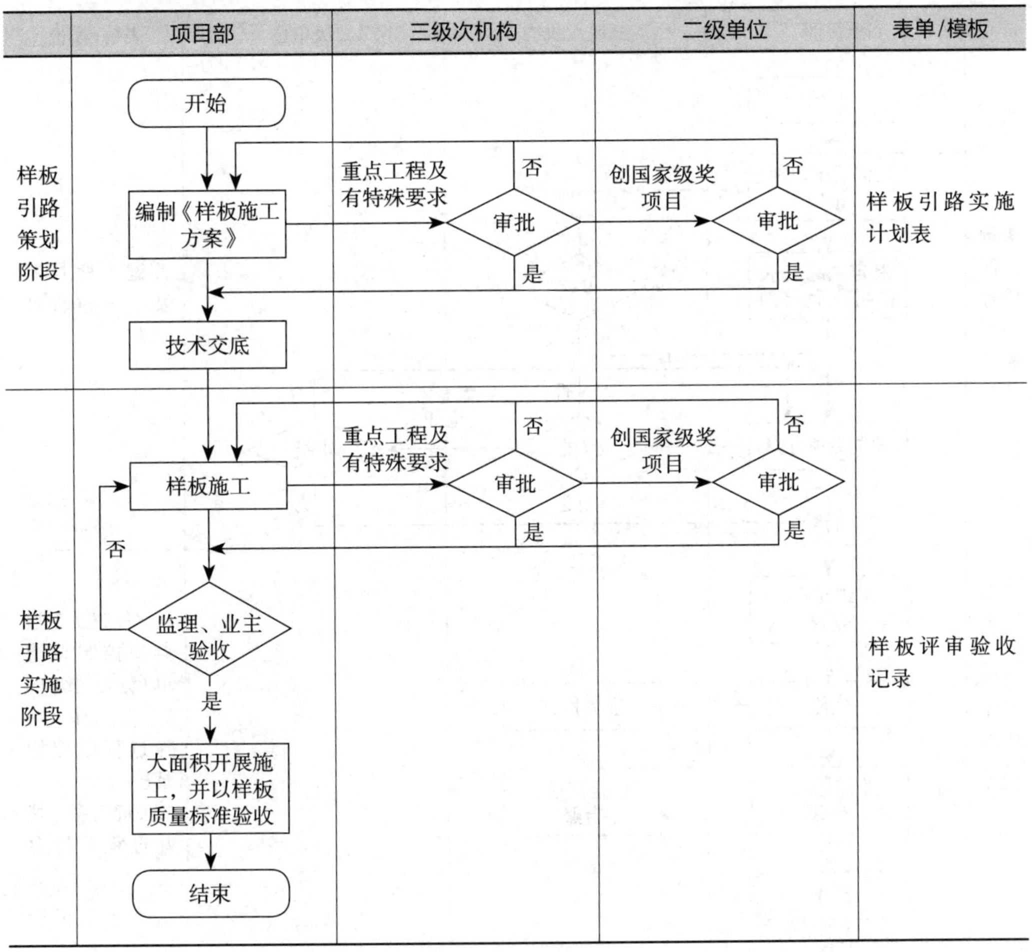

	项目部	三级次机构	二级单位	表单/模板
样板引路策划阶段	开始 编制《样板施工方案》 技术交底	重点工程及有特殊要求 审批 否 是	创国家级奖项目 审批 否 是	样板引路实施计划表
样板引路实施阶段	样板施工 否 监理、业主验收 是 大面积开展施工，并以样板质量标准验收 结束	重点工程及有特殊要求 审批 否 是	创国家级奖项目 审批 否 是	样板评审验收记录

业工人提供实际操作指导，建立标准化的施工流程，提高效率。局编制并下发《房屋建筑工程质量样板引路工作指引》(简称《样板施工方案》)，在全局项目推广工法样板、首件样板和交付样板。

2）关键工序和特殊过程管理（表3、表4）

关键工序和特殊过程是影响工程结构安全和重要使用功能的、出现重大质量问题处置困难或需停工处理的、对下道工序质量有严重影响的、工序薄弱环节或质量不稳定的质量控制点。局根据管理流程和工作要求，将其划分为识别、编制专项施工方案、方案审批、实施和监控五个阶段。要求项目管理人员从“人机料法环”等影响质量的因素进行全面监控，严格执行“事前、事中、事后”新三检制的五类质量控制点（即H点——质量停工待检控制点，W点——质量现场见证控制点，R点——质量资

表3

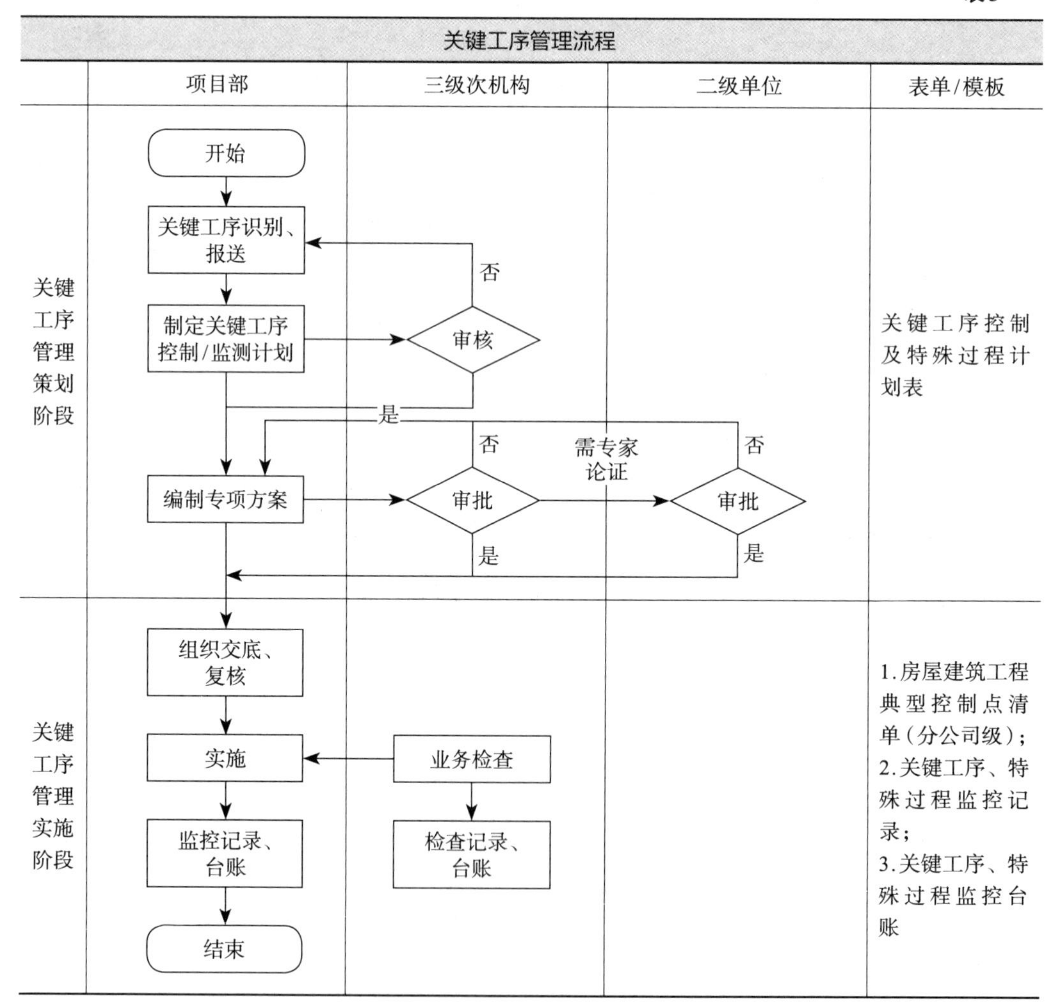

表4

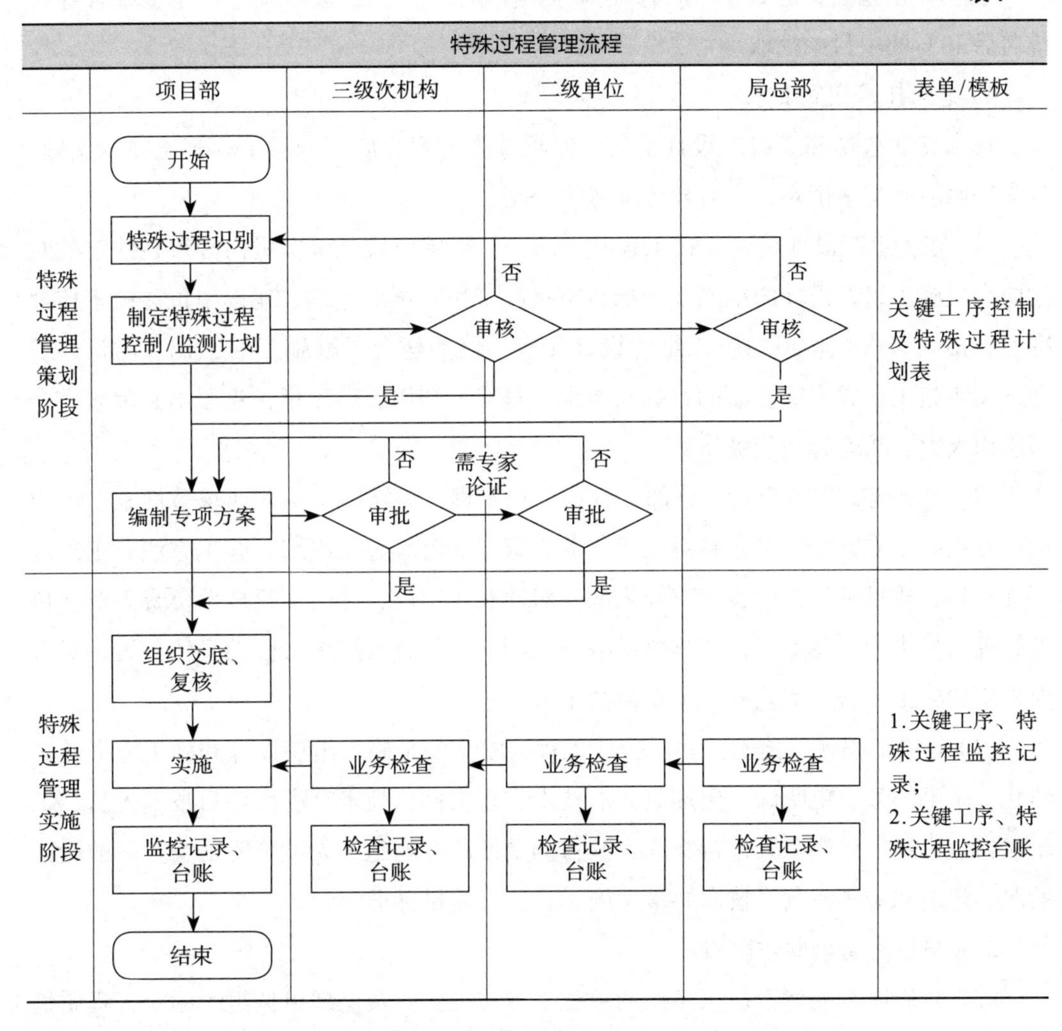

料见证控制点，S点——质量旁站控制点，FAA点——首件样板确认控制点）要求进行管控。

3）施工过程质量检查

局总部对二级单位的业绩评价。每年年末由局质量管理部组成考核评价小组，按《公司工程质量业绩考核办法》对二级单位的质量业绩进行考核评价，考核得分及排名结果将在全局范围内进行排名通报。

局总部对三级次机构的考核评价。局总部对三级次机构的质量管理能力考核评价每半年进行一次，每两年覆盖所有三级次机构。局总部对三级次机构只检查不排名，对三级次机构的考核评价工作由二级单位进行组织。

局总部对项目的考核评价。局总部每季度开展对项目的抽检工作，每次抽检项目不少于全局在施项目总数的10%。选取抽检项目时，在二级单位上一季度检查综合排名后30%的项目中抽取。

4）施工技术交底要求

技术交底包括施工组织设计交底、专项施工方案交底、分项工程施工技术交底，各项交底应有文字记录，交底双方应签字齐全。

（1）施工组织设计交底。在工程开工前，二级单位或三级次机构必须在约定的时间内完成施工组织设计的编制及内部自审批准工作。再由监理、建设单位逐级审核批准后，由三级次机构组织施工组织设计交底，使参建者了解施工的工期、质量、安全、文明施工、成本等方面的目标及要求。对充分利用有利因素，克服不利因素，合理组织人力、物力起到积极作用。

（2）专项施工方案交底。分部、分项重点工程、关键施工工艺或季节性施工等均应有专项施工方案。施工方案对项目任务、施工部署、施工组织、施工方法、工艺流程和材料、质量等具体内容应有较强的针对性和实用性，并由项目技术负责人对项目部管理人员进行方案交底，使具体指挥施工的工长了解各施工阶段的具体部署，对将要采用的施工方法、工艺有一个全面的了解。

（3）分项工程施工技术交底。分项工程技术交底是施工组织设计和施工方案的具体化，是更细致、更明确、更加具体的技术实施文件。技术交底由项目技术人员、工长对作业班组、作业工人进行交底，其目的是使所有的施工人员了解工程对象的设计情况、建筑和结构特点、技术要求、施工工艺、质量标准等。

3.质量过程管理验收阶段

竣工预验收是在建设单位组织的单位工程竣工验收及监理单位组织的对工程质量进行竣工预验收前，局内部自行组织的质量检查验收评定。局编制并下发《工程竣工预验收管理办法》，一般项目由公司组织预验收工作，应收集整理工程竣工预验收记录，建立工程竣工预验收档案（台账及有关验收记录），内容包括工程名称、预验收时间、预验收小组人员、验收评价意见、能够显示预验收组成员及预验收过程的照片等信息，并随工程质量月度报表上报局质量管理部。创高优项目、局重点项目经公司质量部验收后，报局质量管理部参与。

4.质量投诉管理

局编制并下发《工程质量投诉处理办法》。根据投诉问题的严重和影响程度，采取局总部组织处理及安排责任单位处理两种方式。对于质量问题严重、可能影响与战略客户的合作关系、可能引起较大社会影响等严重质量投诉，由局质量管理部1d内完成初步调查并确定处置方式，1d内组织完成制定投诉问题处理初步计划（调查处置管理小组成员组成、初步的工作计划、工作联系人）并向投诉方反馈沟通，3d内组织完成现场调查，制定整改计划、方案，向投诉方征求意见，按要求处置完成，经投诉方验收通过后，该投诉处置活动关闭。对属于一般工程质量缺陷的投诉，局直接安排责任单位自行组织处理，局质量管理部对其处置过程和效果给予关注，必要时进行督导。

2.2.2 质量风险管控方面

编制并下发《工程质量风险分级管控办法》，建立质量风险管控流程，将其划分为局级质量风险、公司级质量风险、分公司级质量风险、项目级质量风险四个等级（表5）。

表5

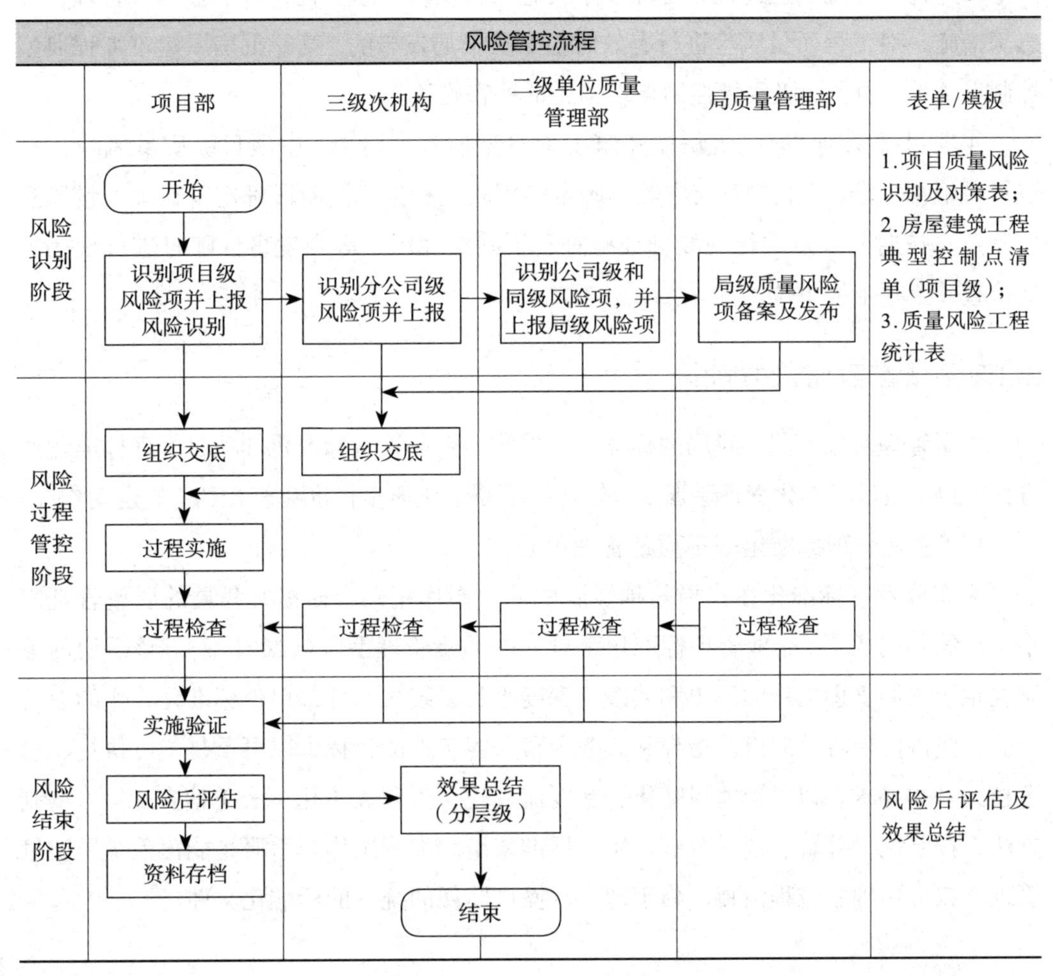

（1）风险识别阶段，项目部按要求进行工程质量风险识别并上报三级次机构，三级次机构进行分公司级工程质量风险识别并上报二级单位，二级单位进行公司级工程质量风险识别并上报局，局质量管理部进行局级工程质量风险识别。

（2）在工程质量风险分级管控与责任落实阶段中各责任主体工作要求：

①局质量管理部对工程质量风险管控实施情况进行监督，审查二级单位风险识别、风险分析、风险评价、措施制定等相关资料，采取抽查项目现场检查的方式，检查工程质量风险管控措施落实情况。负责局级风险项目的过程管控和实施。

②二级单位应健全完善工程质量预防控制体系，建立工程质量风险管控责任制和各项管理制度，明确质量、技术、生产、材料、成本等职能部门的工程质量风险职责，建立考核奖惩、全员培训等工作机制。负责公司级风险项目的过程管控和实施。

③三级次机构应建立工程质量风险源判别清单库，编制项目工程质量风险源识别清单，并在工程施工全过程、各环节中实施工程质量风险管控，采取技术、管理、应急等措施，对工程质量风险进行有效管控。负责局发布的“第一批房屋建筑工程典型控制点清单”中企业级质量控制点现场见证检查确认。

④项目部识别“第一批房屋建筑工程典型控制点清单”中项目级质量风险控制点；另根据现场“人机料法环”等不确定性因素，根据不同阶段确定项目级质量风险控制点；按时间节点进行现场见证检查，不确定性因素等突发事件随时进行现场见证检查并上报上级单位。

2.2.3 质量管理标准化方面

根据管理对象不同，我局的标准化工作分为企业管理标准化和项目管理标准化两方面。以《质量标准化管理手册》为依托，不断强化质量标准化管控的“规定动作”。

1)《企业管理标准化——质量管理手册》

为充分发挥标准化在我局超越发展中的重要作用，全面提升我局的质量管理水平，局编制完成了《企业管理标准化手册——质量管理手册》(2021版)。该手册的编制立足于二局管理工作的历史和实践，深度吸收系统内、外部单位标准化工作的成功经验，坚持使用者导向以及指导和服务项目一线工作的目标，以可重复、可执行、可考核为基本要求，以“管理制度化、制度流程化、流程表单化、表单信息化”为编制方法，按照统一部署、统一节奏、统一标准来组织编制工作。手册是能覆盖全局质量管理、权责明确、流程清晰、易于理解、操作简便的统一的标准化文件。

2）项目质量管理标准化

为推进“精益建筑”，提高工程质量一次合格率，防止工程质量通病发生，局每季度总结、通报项目质量优秀做法，编制了《工程质量通病防治做法手册》(房建类2020版)；局属各单位根据公司实际情况，编制了《施工现场标准化实施手册——质量分册》《机电安装工程施工标准化手册》等手册，突出施工现场各工序具体做法和现有国家规范、标准中未表述或表述不清楚的地方，提升项目质量管理的标准化水平。

2.2.4 质量创高优管控方面

精品工程体现的是精益求精的工匠精神，体现的是追求卓越的管理品质，本着“人无我有、人有我优、人优我精、人精我特”的精神，通过科技创新、智慧建造、精心策划、严格过程控制、不断总结和推广创优工程中独特、创新和具体实效的做法，制定发布《工程质量创高优工作指引》和《全过程质量控制管理规程》，规范从质量创优策划到申报迎检的全过程质量管控。我局建立局质量专家团队，成员主要是中国施工企业管理协会的二局质量专家及二级单位推荐的经局评估合格的质量专家（含外部专家）。

（1）创优滚动计划和策划。根据高优工程评选办法，我局建立创建国家级优质工程四（五）年创优滚动计划，每半年进行动态更新，二级单位每半年编制创优滚动计划，由质量主管领导审批后上报局质量管理部，局质量管理部每半年发布创优通报。省部级（含）以下质量奖项的创优策划书，由三级次机构审批；国家级质量奖项创优策划书由二级单位审批，并报局总部备案。对列入创高优滚动计划的工程，在前期策划阶段，组织局质量专家对合法合规性及施工方责任主体的质量管理体系等提出意见、建议。

（2）创优过程检查。创省部级质量奖项的工程，二级单位每季度至少组织一次专项检查和指导。创国家级优质工程的项目，实施从质量创优策划、创优组织管理、总包管理、设计管理、深化设计、样板引路、过程管控、竣工预验收、申报迎检等全过程的质量管控，提升一次成优率。局总部、二级单位对创国家级质量奖的项目在地基与基础验收、主体结构验收、装饰装修及竣工预验等各创优节点进行过程验收和指导，争取工程自然成优、一次成优。

2.2.5 质量奖罚与考核方面

局下发了《中国建筑第二工程局有限公司工程质量责任追究及奖罚办法》，对于在质量管理工作中取得优秀成绩的所属企业、集体和个人给予奖励及通报表扬，奖励范围涵盖质量保证体系、质量监督体系；对发生质量事故、重大质量事件、严重质量问题的单位和个人，按公司制度进行责任追究。

局每年考核统计各单位工程质量责任追究及奖罚的落实情况，对落实效果好的单位给予通报表扬，对落实不到位的单位给予通报批评，并将此项工作作为对各分公司质量业绩考核的内容之一。通过各种奖罚举措，进一步推动员工在重大工作中发挥拼搏精神，形成积极向上、敢作敢为的干事氛围。

3 企业质量管理创新

3.1 创新性地开展质量管理分级管理，严守质量管理的过程控制

为进一步整体提升质量风险管控能力，二局根据北京市质量风险分级管控指南的思路，创新性地提出契合企业实际的质量风险分级管理办法，为系统内同级次企业提供了借鉴，开启了质量管理的革新。结合中建二局质量管理体系组织架构，按照引起工程质量风险事故的可能性和造成后果的危害程度及影响范围，分为重大风险、较大风险、一般风险及较低风险四个等级对风险进行分级管控，分别对应局级风险、公司级风险、分公司级风险、项目级风险。过程依据内外部环境和其他因素的变化进行风险动态管理，及时进行风险再评估，并调整风险等级和管控措施，全过程遵循全面性、系统性、科学性、专业性、经济性、动态性和实效性 7 大原则。严守工程质量风险分级管控与责任落实，按管理职责分级、分专业进行管控，各司其职，各负其责，明确风险的严重程度、管控对象、管控责任、管控主体，明确了工程质量风险管控流程（图2）。

3.2 着力科技研发促进质量管控，确保工程主体结构安全

目前，二局已在质量管理智能化运用方面进行了诸多创新。通过物联网系统助力质量创新管理，在混凝土工程、钢筋工程、实测实量等方面实施全过程智能管控，实现用数据100%诠释工程质量。如标养室物联系统和混凝土智能回弹系统实时监控混凝土工程质量。

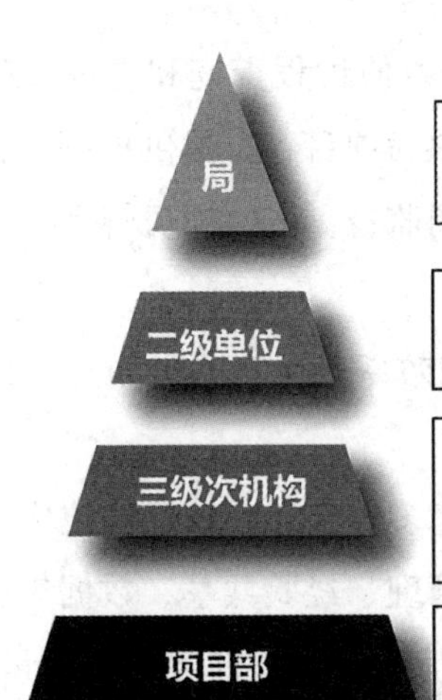

负责局级质量风险项目的过程管控，监督二级单位落实公司级质量风险项目的管控。时间要求:开工前

负责公司级质量风险项目的过程管控；监督三级次机构落实企业级重要、重大质量风险工序控制点的管控。时间要求:项目策划书任务表中要求时间

负责企业级重要、重大质量风险工序控制点的现场见证检查；监督项目落实项目级重要、重大质量风险工序控制点的管控。时间要求:项目策划书任务表中要求时间

负责项目级重要、重大质量风险工序控制点（事前、事中、事后五类控制点）的管控。时间要求:开工15d内

图2　工程质量风险管控流程图

混凝土工程作为建筑工程施工中的重要环节，混凝土试块制作和监管的好坏，在一定意义上讲，决定着工程质量的高低。目前，我国绝大部分工程项目都是采用商品混凝土，市场上原材料良莠不齐，如果混凝土结构强度回弹和混凝土试块出现不合格现象，将需钻芯取样，势必造成金钱和精力的浪费，同时给工程整体进度带来很大的压力。2021年青岛绿地国科健康科技小镇因结构混凝土强度不达标，18栋楼房炸毁重建。因此，二局特别重视做好混凝土结构强度回弹和试块养护监控工作。

针对混凝土试块制作不规范、标养室温湿度不达标、搅拌站养护试块送检、试块龄期未送检及回弹不及时、不规范等现象，二局基于物联系统，着力研发出符合混凝土强度回弹智能系统和标养室物联网系统。经过近三年时间的运行，目前已全面推广使用标养室物联网和智能回弹系统，并已经升级到2.0版本，实现了研发意图。

在标养室物联网系统方面：实现试块现场制作、现场养护和送检全过程监控，杜绝项目使用搅拌站制作养护试块送检；实现标养室养护环境的实时监测以及超限报警、自动生产养护记录等功能。设计开放式架构，为项目其他管理系统或公司相关监控部门提供实时数据，方便远程查询和管理。建立历史数据存储功能，方便后期对环境数据的反查，为质量问题回溯提供依据。按照权限为项目各方提供提醒、报警和查询权限，提供实时准确的环境数据，实现试块管理的协同监督，方便项目管理。

混凝土强度回弹智能系统方面：实现测量设置，测区个数、检测面、角度、泵送方式、弹击方式、检测环境、碳化深度、检测依据、构件部位和设计强度等设置。数据检测方面：通过蓝牙技术与数字回弹仪的传感器通信，实时显示、自动计算强度、实时上传，提供智能科学的混凝土强度检测方法；同时设计开放式架构，为项目其他管理系统或公司相关监控部门提供实时数据，方便远程查询和管理；建立历史数据存储功能，为质量问题回溯提供依据。按照权限为项目各方提供提醒、报警和查询权限，提供实时准确的环境数据，实现回弹的协同监督，方便项目管理。

3.3 通过质量管理信息化创新应用，提升质量管控效率

企业在质量管理信息化系统的应用方面也进行了诸多创新，目前已经建成了适合企业各层级质量管理需求、能够满足各层级日常质量管理、经验共享、数据集成、智能化工具应用的信息平台，实现标准化和信息化的精准融合，支撑各层级质量分析、决策、部署的数据需求。将系统打造成以项目为中心，质量策划、质量过程管理、质量风险管控等全过程质量管理融于一体的信息化平台。

4 企业质量创高优管理案例

在创高优管理方面，结合二局中国西部国际博览城（一期）工程创建国家优质工程金奖的典型案例进行详细说明。该工程是四川省政府的重点工程，是中国对外开放的重要窗口——西博会的永久会址，是“一带一路”建设和“长江经济带”发展的国际交流合作重要平台。工程总投资98亿元，于2014年6月18日开工建设，2016年7月27日竣工交付使用（图3）。

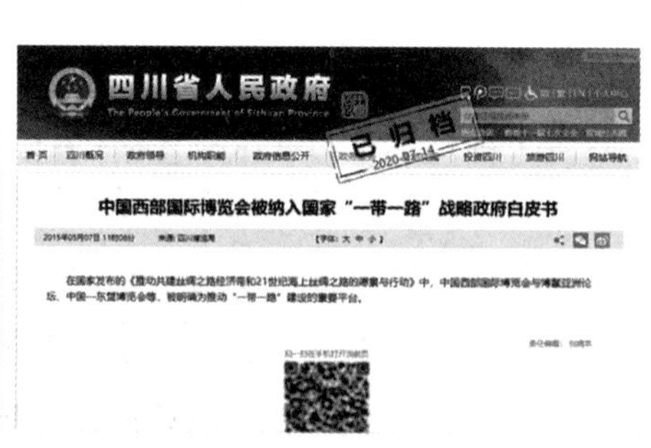

四川省人民政府

The People's Government of Sichuan Province

已归档 2020-07-14

首页 | 四川概况 | 政府领导 | 机构职能 | 政府信息公开 | 投资四川 | 旅游四川 | 网站导航

中国西部国际博览会被纳入国家“一带一路”战略政府白皮书

在国家发布的《推动共建丝绸之路经济带和21世纪海上丝绸之路的愿景与行动》中，中国西部国际博览会与博鳌亚洲论坛、中国—东盟博览会等，被明确为推动“一带一路”建设的重要平台。

图3 中国西部国际博览城（一期）工程

本工程严格做到“精心策划、精细管理、精致施工”，为打造世纪精品工程奠定基础。下面从创优策划阶段、全过程创优建造实施管理阶段、竣工及运营维保管理阶段、创优申报及迎检阶段和创优复盘总结五个阶段进行说明。

4.1 创优策划阶段

1）创优组织策划

工程开工伊始，公司与建设、地勘、设计、监理、专业分包等建设相关方确立以“誓夺国家优质工程金奖”为目标，成立以分公司总经理为首的创“国家优质工程金奖”的工作组，全程参与决策和控制，明确任务分工；创优工作组下设指挥协调小组、策划工作小组、现场工作小组、资料工作小组、商务工作小组、资金保障小组、物资保障小组、后勤保障小组、质量监督小组、安全监督小组和迎检工作小组，同时项目部单独成立设计、计划、招采部门（图4）。

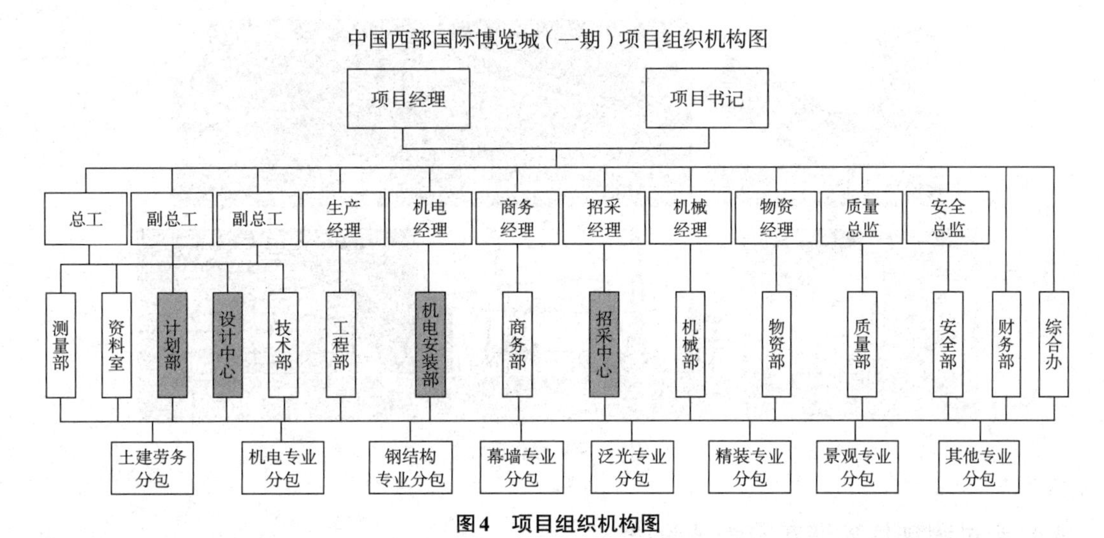

图4　项目组织机构图

2）创优总体策划

工程前期公司从创优队伍选择、总分包创优管理、创优深化优化设计、创优进度安排、创优成本把控、创优新技术应用、创优重点部位管理、创优亮点部位打造标准、创优节能环保及绿色施工措施、创优资料收集整理等方面进行总体策划，并对各分部分项工程进行细部创优策划（图5）。

3）创优深化优化设计

公司科技、技术、质量部门联合项目技术、招采、质量等部门和建设、设计及分包单位设计部门成立深化设计小组，对项目高大梭形桁架、超高三叉钢管柱、碟簧装置超大高差V形曲面幕墙、大跨度自支承式密合金属屋面及机电综合管线等进行深化优化设计，确保整体施工质量一次成活（图6）。

中国西部国际博览城（一期）项目
质量创优策划

编制人：
审核人：
审批人：

中国建筑第二工程局有限公司
CHINA CONSTRUCTION SECOND ENGINEERING BUREAU LTD

图5 质量创优策划书

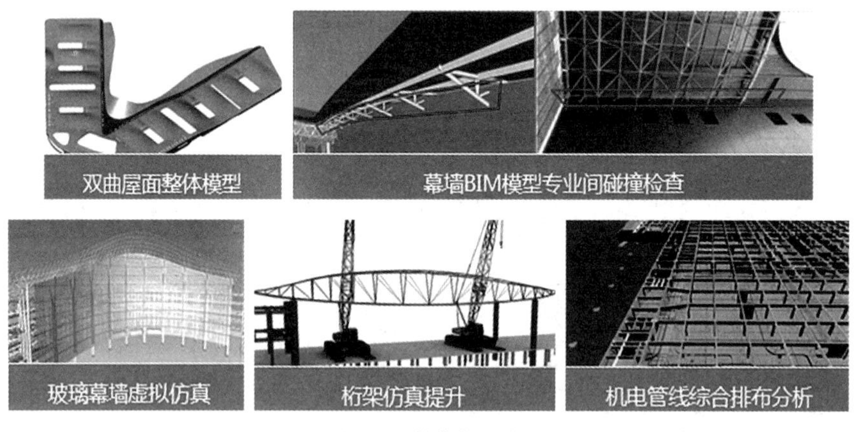

图6 深化优化设计

4.2 全过程创优建造实施管理阶段

1）总分包创优管理

（1）分包分供选择：创优队伍优先选择公司内部实力强劲的专业分公司作为分包单位，便于管理，带头执行创优质量标准；再从公司合格供应商名录内挑选履约能力强，质量品质高的优质分包单位，通过云管理平台，实现了150余家分包、千余种材料的资源整合，为创高优提供坚实的资源保障。

（2）发布了《项目总分包质量管理及奖罚办法》，从分包合同质量目标，总分包质量管控流程，质量完成标准及奖罚条款等方面，明确总分包界面划分及设计—采购—施工—运维全过程质量管控流程（图7）。

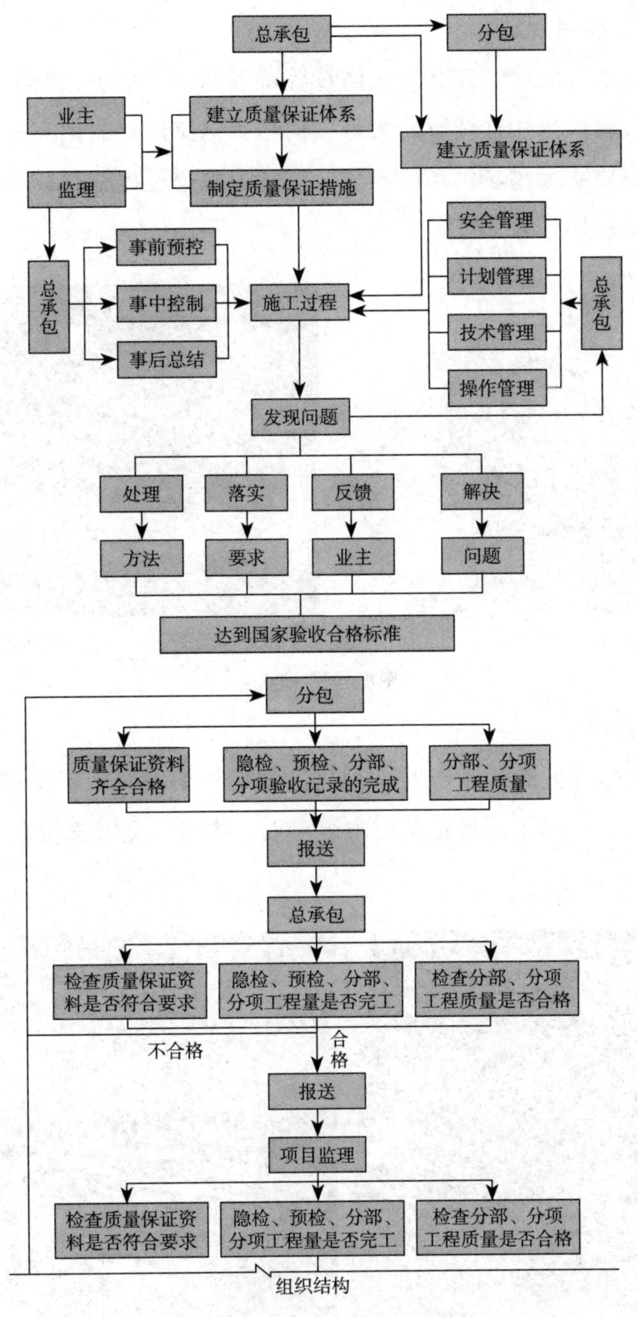

图7 全过程质量管控流程图

2）创优进度管理

公司工程部、物资等部门联合项目工程、招采等部门和建设、设计及分包单位成立进度保障工作小组，对项目关键施工路线上各分部分项工程等进行提前筹划，确保各分包各工序合理有序穿插施工，避免因抢工导致质量缺陷的发生。

3）创优新技术应用管理

针对本项目异形、大跨、超高、大体量等特点和施工难点，制定针对性解决措施及技术保障措施，首次采用连续五跨大跨结构和带钢拉杆双曲预应力梭形桁架屋盖体系等创新技术，解决了大型场馆布展难题，贯穿工程全过程施工，明确新技术应用具体部位，及时总结应用效果（图8）。

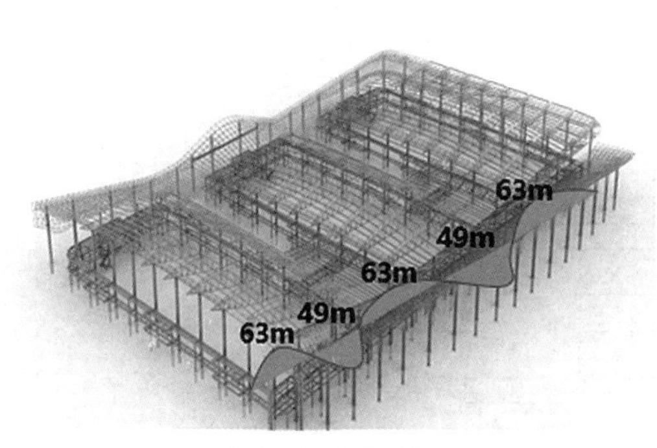

（a）五跨大跨结构

（b）预应力梭形桁架

图8　创新技术

4）创优质量管理

（1）创优质量标准方面：重点对本项目的梭形桁架安装、三叉钢管柱安装精度、曲面幕墙定位精度、金属屋面板锁接要求等特点、难点、亮点部位制定高于国家标准的质量要求（图9）。

图9　金属屋面

（2）创优重点部位打造：重点对曲面玻璃幕墙、金属上人屋面、设备屋面、下穿隧道、地下车库、入口大厅、设备机房、卫生间、公区吊顶等重点部位进行深化排板，亮点打造（图10）。

图10 带碟簧吊杆曲面外幕墙

5）创优资料收集整理

建立全过程工程影像资料收集小组，提前选择视频单位对项目重点部位、关键工序施工质量进行视频拍照，同时重点对钢结构、精装修、幕墙、机电等专业资料按创优资料目录要求进行收集整理（图11）。

图11 资料整理

4.3 竣工及运营维保管理阶段

1）竣工预验收管理

局统一组织局内部各专业专家按照国家优质工程金奖评选要求，结合国家优质工程奖打分表对各分部分项工程进行综合检查评价打分，督导项目开展全面自查自纠，确保一次成优，杜绝带病交付。

2）运营维保管理

每月回访建设单位及使用单位，及时做好维保工作，并建立回访台账及维保记录，为后续创优工作奠定基础。

4.4 创优申报及迎检阶段

1）召开创优工作会

联合建设单位，组织地勘、设计、监理、使用和分包等单位召开创优启动会，明确任务分工和具体责任人。

2）申报及迎检工作安排

组织召开两级公司申报资料评审会，同时做好酒店、车辆、会场、餐饮等迎检工作全面部署。

4.5 创优复盘总结阶段

1）召开复盘总结工作会

局统一组织召开场馆类项目复盘工作总结交流会，从设计管理、技术管理、成本管理、进度管理、质量管理、安全管理、外部管理等各方面进行总结交流，提升同类场馆项目的全过程管控水平。

2）开展质量创优实操培训

公司组织其他项目开展对标学习，并组织内部创优专家结合项目开展创优实操教学培训，进一步提升各项目整体质量管理水平。

企业质量品牌和企业发展成绩

5.1 企业质量品牌

公司坚持“品质保障、价值创造”，践行“三大建造”代言中国建筑品质，企业质量品牌不断彰显。先后斩获大量国家级高优奖项，累计荣获国家科学技术奖14项、詹天佑奖29项、鲁班奖73项、国家优质工程奖145项，数量位居行业前列。

“品质保障，价值创造”是对公司长期以来关注高品质服务、崇尚绩效管理的总结与概括。公司致力于为全球利益相关方创造价值，努力将精品意识融入工作的方方面面，不断提升诚信履约能力，保障我们的项目品质、管理品质、服务品质持续优化；始终秉承“绩效文化”，通过高品质的服务实现与各利益相关方的共赢和价值的最大化。

“品质保障”是弘扬工匠精神，树立底线思维，将对“品质至上”的不懈追求视为实现可持续发展的最低保障。依靠最具价值的投资、精心的设计、匠心的建造、精益的管理，做到项目最优、管理最强、服务最好，满足不同利益相关方当下与长远需求，提供支撑社会经济发展、惠及国计民生的高品质产品与服务，筑基“中国质量”，打造“中国建造”名片。“价值创造”是以“为国家担当、为人民奉献、为世界大同”作为导向标准，在此前提下坚持绩效为先，努力通过团队和个人价值的提升，促进中国建筑共同价值的持续提升。

“精益求精、品牌引领”是中建二局长期坚守的质量观。“精益求精”就是追求卓越，发扬质量第一的品质精神、用户至上的服务精神，推动产品全生命周期、全链条质量管控，坚持一丝不苟和严谨细致的行为作风，打造过程精细和内坚外美的实体质量。“品牌引领”就是深刻认识质量的重要性，始终坚持品质优先，不断提升品牌意识，以实际行动诠释质量责任内涵、以品质建造赢得业主口碑、以卓越产品彰显企业品牌，发挥品牌引领作用，推动质量提质升级，打造质量强企。

5.2 企业发展成绩

近年来，公司实施“五大突破”“六大提升”，持续推进国有企业改革三年行动，聚焦安全管理专项年、标准化管理推进年、高端营销突破年建设，企业高质量发展取得明显成效，具备全产业链、全生产要素、全生命周期的管理优势，进一步向建筑工业化、数字化、智能化、绿色化深度转型，并且在核电、高端文旅、超高层、基础设施、创新业务等多个领域取得了不俗成绩。2021年，企业营业收入跻身两千亿行列，达到2021年《财富》世界500强第413位。

（1）在核电领域，公司是核电工程建设的“王牌军”。从1987年参加广东大亚湾核电站建设以来，公司已参与全国在建机组装机容量二分之一，参建核电机组25台（占比49%），成为国内唯一一家掌握欧洲三代核电厂、核岛、常规岛施工一体化技术的综合施工企业。公司多次打破国外技术垄断，成功解决了多项核电建设领域的关键技术难题，成为我国仅有的4家之一、核系统外唯一的一家具有核电站核岛《民用核安全设备安装许可证》的土建施工单位，13项科技成果达到国际领先或先进水平。目前正在施工的大国重器工程4个，其中广西防城港核电3、4号机组和广东太平岭核电1、2号机组均为双核岛项目。

（2）在高端文旅领域，公司是文旅工程建设的“领头羊”，是目前国内唯一一家做过世界三大顶尖文旅品牌的企业：上海迪斯尼、北京环球影城、浙江山水六旗。在国内市场与各大知名文旅企业合作，重点工程有：世界最大的室内滑雪场——哈尔滨万达茂；世界最大的室内游乐场——宁波罗蒙环球乐园；世界最长的商业步行街——武汉汉街；世界最大的射电望远镜——中科院国家天文台500m口径球面射电望远镜；中国第一个秀场——武汉汉秀剧场等。塑造了以文化为核心，以旅游为导向，集娱乐、商业、居住功能为一体的城市文化旅游高端产品。

（3）在超高层建设方面，公司是超高层建筑的“代言人”，共承建300m以上的超高层建筑30余座，占全国总数的30%，其中深圳东海国际金融中心（高308m）为亚洲第一高住宅，九江国际金融中心（高333m）为江西省第一高楼，深圳赛格广场（高354m）为世界最高的钢管混凝土结构工程，深圳地王大厦（高384m）为当时亚洲第一高楼，昆明春之眼（高407m）为云南省第一高楼，长沙国金中心（高452m）为湖南省第一高楼。

（4）在基础设施建设方面，公司是重大基建工程的“深耕者”，持续坚持“传统市场品牌化、主导市场高端化、新兴市场专业化”的发展战略，参与了世纪工程——川藏铁路以及哈大高铁、沪杭高铁、沈丹客专等世界顶尖（高速）铁路建设，参与郑州、西安、青岛、天津、深圳等11个城市轨道交通建设，参与连霍高速、京新高速、太行山高速等高速公路建设，参与九江、岳阳等10余个长江大保护项目建设。

（5）在新业务领域，公司是创新业务的“拓荒者”。近年来在抽水蓄能电站、光伏、风电、LNG储能方面全面发展，为环境保护和民生保障贡献了智慧，承接光伏项目总装机容量超1000MW，风电项目总装机容量超2700MW，承揽全国41%储量的LNG储能项目，2021年与国网新源和国投电力合资成立辽宁庄河抽水蓄能电站项目公司，迈出了中建系统在抽水蓄能领域转型发展的第一步。

每建必优　品质为先　打造行业先进生产力

——中天建设集团有限公司第六建设公司

中天建设集团有限公司以房屋建筑、基础设施建设等工程服务为主要经营业务，具备房屋建筑工程总承包特级资质、建筑行业工程设计甲级及十几项专业资质，致力于把握工业化、绿色化和数字化发展趋势，打造行业先进水平。

中天建设集团有限公司第六建设公司（简称“中天六建”）是中天建设集团有限公司旗下重要的区域公司，立足华中市场，以建筑工程施工总承包为主业，全方位拓展机电安装、装饰装修、建材生产租赁、集采配送、建筑工业化等产业链领域。中天六建自1997年入驻武汉以来，在华中大地历经20余年的发展，见证并积极参与了华中地区的城市化建设，累计奉献了超过3000万m^2的建筑空间。目前中天六建年经营规模近百亿元，已成功构建了以武汉和长沙为核心市场，辐射湖北、湖南两省的总体格局，下设湖南分公司以及鄂北、鄂西、鄂东、鄂南、长沙、湘北、湘南7个驻外片区，并下辖湖北新远建筑科技有限公司、湖北中天绿建工业有限公司、武汉浙远建材有限公司等多家产业链子公司。

中天六建倡导“每建必优、品质为先”的品质理念，着力为用户和社会提供优质的建筑产品。公司承建了湖北鄂州民用机场转运中心工程主楼、金银湖协和医院、武汉协和医院门诊医技大楼、湖北省人民医院外科综合大楼、湖北日报传媒集团楚天传媒大厦、宜昌国际广场、浙商国际大厦、湖南湘雅二医院、长沙中天广场等一大批省、市标志性项目，共创出中国建设工程鲁班奖4项，创出国家优质工程银质奖1项、詹天佑大奖2项、全国用户满意工程、全国建筑施工安全文明工地、湖北省建筑优质工程“楚天杯”、湖南省安全质量标准化示范工地等省部级及以上工程荣誉600余项，每年召开国家、省、市等各级别工程管理现场观摩会，赢得了行业主管部门及社会各界的高度认可和好评。企业多次获得“湖北省先进建筑业企业”“湖北省工程质量管理标准化试点示范企业”“湖北省守合同重信用企业”“武汉地区建筑业优秀企业”“武汉市最具成长性民营建筑企业”等荣誉，是湖北省建设工程质量安全协会副会长单位，武汉建筑业协会副会长单位。

坚持每建必优，开启标准化建设之路

中天六建的质量管理之路是一以贯之的、持续推进的。早在1996年，公司提出要从追求产品内在质量向高质量的企业经营活动转变，认识到要稳定质量、提高质量，特别是提高创优能力，不能只着眼于单纯追求产品内在质量，而是要贯穿于企业经营活动的全过程，注重过程管理，提高整个企业经营活动的质量。

1.1 把“每建必优”作为中天的管理方针

2000年，公司提出要在市场立足，必须坚持“每建必优”的管理方针，即每建造一个工程，都是优质工程。2003年，“每建必优”的理念进一步深化，这个“优”不仅指每个工程都创优质工程，还指要做到业务优、队伍优、组织优、管理优、质量优、安全文明、用户满意、创造信誉、创造价值。“每建必优”，不仅是中天的工程管理方针，而且贯穿企业生产经营的全过程，渗透进每一个流程、每一个环节。

秉承“每建必优”的优良基因，中天六建践行“每建必优、精细管理”，以“过程精品”为核心，以优秀的质量文化、高效的管理机制和完备的技术体系为支撑，构建起以“目标管理、精品策划、精细管理、节点考核、每建必优”为内容的项目管理体系，建造出一座又一座优质工程。

1.2 把“标准化建设”作为企业长期战略

2013年，中天六建在集团的指导下，在全集团内率先探索项目管理标准化建设的科学体系，以举办集团现场观摩交流会为契机，中天六建大胆创新、积极实践，成立标准化建设领导小组，抽调六建管理骨干参与谋划，按照“一个标准、一个流程、一个水准、一个结果”的目标，把项目管理好的做法固化、常态化，让成功的做法和经验能得以复制。

在公司层面，建立统一、规范和有效运行的内部管理体系，实施岗位职责优化和定岗定编，理清工作思路与流程，查找管理盲区，编制包含质量类、安全类、技术资料类、机电安装类等50余项作业标准，为标准化管理打下坚实基础。在项目层面，通过“制度建设、队伍建设、现场管理、过程控制”四个标准化，拉开标准化建设的第一步。

1.3 把“标准化建造体系”作为中天新的核心竞争力

2017年，根据万科、碧桂园等大客户需求和总结近几年集团优秀建造模式，在“集、流、插”的基础上，初步建立以“履约策划+施工图深化优化设计+集中加工+物流化配送+专业流水+穿插施工”为施工组织模式，以“全现浇外墙、爬架、铝模、PC构件、高精砌块、免抹灰、精准地面、市政先行”等为后台支撑的增效降耗、低价优质、减少质量通病的中天标准化建造体系。持续对中天六建标准化建造体系后台支撑和提效情况进行梳理，编制《项目标准化快建造体系1.0版》，全面复制、推广在中天六建的在建项目上。

2020年，围绕“重构企业能力、迎战市场变化”的工作主线，以当前行业施工管理痛点问题为导向，探索以工业化生产、装配式建造、信息化管理、标准化施工为核心特征的模块化、标准化建造方式，研发并成熟应用贯穿住宅建筑施工全周期的土建、安装、精装修等12个标准模块，包含12项深化设计手册，9个集中加工车间，23项的专业流水施工，7大类的穿插施工组织。并成熟推行项目直营管理新模式，努力提升施工总承包能力，通过夯实项目管理基础，强化后台支撑能力，致力于用先进的建造方式打造先进生产力。

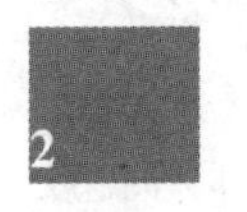

2 升级标准化建造，稳步提升质量管理水平

近年来，为持续打造项目先进生产力，公司聚焦具体建筑施工模块，全过程识别项目施工的技术难点痛点、从“普通工艺类、措施结构类、模块化集成优化”三个层面，针对现场实际全面开展项目深化设计，实施项目施工“精准定位、精准备料、一次成活”。以“深化设计+集中加工、专业流水、穿插施工”等创新技术为载体，研发中天独有的“模块化、标准化”产品建造体系，实施精益化管理。

2.1 抓实深化优化，实现建造升级

深化设计主要以集团《施工图深化设计指导手册》和项目需求为指导，开展项目的施工图深化设计配套服务工作，努力达到施工图的深化和优化，为实现“精准定位、精确备料、一次成优”以及为客户和项目创造价值提供精细化图纸。加强深化设计工作的定位、组织架构、工作流程、深化设计内容、各参与部门的分工、出图计划和成果要求。从项目实施前期将深化设计任务分解，实现责任到人，过程管控和推动深化设计成果的落地应用。

2020年对深化设计工作进行了新的分类与分工。优化后的深化设计工作，整体包括模块化深化、措施结构深化、普通工艺深化三类，细化责任分工、关键工作内容。

以施工痛点、难点为导向，从产品制造端思索，围绕行业发展、客户要求、项目部需求为出发点，聚焦具体建筑施工模块，分析问题发生的根源，识别施工所需的标准部品，深化精准备料清单，应用简单高效工艺将深化点逐一落地，完成模块化深化应用标准要求。

措施结构类深化主要针对各项施工措施，如垂直运输大型机械的基础，施工车辆交通组织路线的加固以及为方便施工主体结构而搭设的外架、支模架等脚手架体系，深化各项措施的关键节点、细部做法至施工图纸中，综合形成标准化深化设计指导手册，项目根据自身特色严格落实区域标准化指导手册要求，强化技术风险及重点事项控制，降低施工风险，为施工的顺利完成提供条件。

工艺深化主要明确分项工程重要节点工艺做法、排板或构造形式，明确重要节点标高尺寸，明确施工顺序与施工缝留设点，主材、辅材的规格数量等，形成分项工艺深化设计图。

以标准层为主、具有规模应用价值的重要施工部位为研究对象，以分项工程提质提效为目标，实施分项工程施工策划，有效指导班组准确、高效施工，推进管理人员精细化管理，同时，工艺类深化优化也是样板审核标准化管理工作的重要组成部分。

中天六建通过组织项目部专业人员开展培训活动，组织同专业项目部开展经验交流会，将工艺深化设计设定为各项评优申报的前提条件，纳入公司专项、大检查的评价标准，建立项目部工艺类深化设计综合排行榜等，达成标准化管理目标。

工艺深化样板实施交底充分运用图片、文字、视频、实物、模型、互动体验等多种展示手段和元素，立体化、全方位、多角度、全景式地展示和呈现。对劳务班组、

班组长（专业工长）进行细致交底。同时，施工样板经验收通过后，作为技术交底的辅助实物形态和实体施工的验收标准，较大地提升了基层人员的实操能力和技术水平。

2.2 做实精益策划，全面应用模块化、标准化

以精益思维，促精准管理。公司各部门联动，参与工程全方位精益策划，通过精细化的工序分解和统筹，对地下室、非标层及标准层分别实现人工、材料、机械流水施工，再从场地布置、材料周转、流水施工等方面开展施工组织推演，为项目的有序施工打下良好基础。

全面应用“深化设计+集流插”为核心的模块化、标准化建造体系，即针对土建结构、机电安装、装饰装修等模块，识别图纸错漏碰缺问题，积极应用BIM工具开展深化优化，实施16项BIM应用点；在现场设置钢筋、安装、装饰等集中加工车间运作标准，根据生产需求，定人、定岗、定工位进行集中生产，各类物料进行分类仓储式存放，使用专业机具物流化配送，降低集中车间材料的库存，实现材料高效使用，从源头保证材料质量；围绕“精确备料、精准定位、一次成优”的管理目标，采用钢筋、水电、装饰板材等9个加工车间，运用标准工位28个，加工生产土建、机电、装饰共60余个标准部品，实现材料生产储备超市化、施工管理运作工厂化，为楼层的“装配式施工”创造条件，实施专人专岗，运用成套高效工艺与提效机具，有助于穿插施工的运行；应用高效工艺117项和提效工具63项，缩短59道工序二次进场施工，结构施工完成后方可进行下道工序施工，同时消除了交叉作业的安全隐患，实现门窗栏杆安装、给水排水安装、墙地面瓷砖铺贴等34个节点穿插施工，达成各工序完整施工、完整移交的目标。

固化“三线双向，并进穿插”的施工组织方式，即主体、立面线，室内装饰线，市政园林线“三线并进”，地下和地上“双向穿插”。实现户内“精准预埋、一次成活”，立面“完整施工、完整移交”，工序“地上地下同时施工”。在施工总承包管理能力下，装饰装修随结构同步预埋安装施工，在建项目结构施工至24层，首层具备交付条件。

2.3 推进信息化管理，提升项目管控能力

借助信息化管理手段，打造5G标杆示范工程，依托中天信息化流程管理平台，

建立以沟通交底、检查评价、项目履约、专业管理业绩等为主要信息的数据库记录，提高对项目的监管能力，加强项目执行力；建立全专业BIM应用平台、大型机械设备管控平台、项目班组晨会管理平台、二维码应用平台等智慧系统，实现信息数据化和可追溯，将现场的质量、安全管理动作信息化、标准化、物料配送可视化、数据化。

大力推进公司信息化集采平台和项目管理深度融合，项目紧扣公司发展方向和目标，推动项目管理体系高效运转；通过中天信息化管理平台2.0的衍生中天施工协同平台，整合综合管理中心、安全管理中心、技术管理中心、施工管理中心、质量验收中心等8大中心34个模块，对“人机料法环”进行实时线上管控，助力于项目部对现场质量、安全文明施工立体化、全方位、全时段、最有效地管理，实现项目管理智慧化、可视化。全面运行13项质量标准化管理流程，不断完善集团知识库工艺深化、高效工艺等476项标准，并通过信息化平台对项目运用的优秀做法进行汇编合集，加强各项目部运用学习，提质提效，稳步提升公司后台支撑能力（图1）。

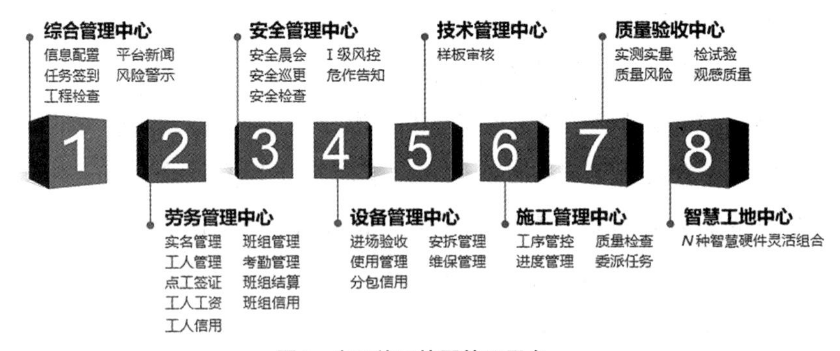

图1 中天施工协同管理平台

3

应用标准化流程与动作，夯实企业管理根基

中天六建从管理痛点出发，以识别问题、预控问题、解决问题为导向，在公司标准化管理流程、项目岗位标准化管理动作与过程管理执行标准上全面深入，聚焦具体事务与具体事项，把标尺立起来，把底线划出来，把形象树起来。

3.1 管理流程标准化

标准化流程是公司对项目部提供优质服务与规范约束的具体抓手。围绕管理标准化目标已明确12类59项基础性管理流程。从而建立符合当前实际，满足企业管理要求的项目管控体系，实现对各类风险强有力的预控，对先进生产力起到强有力的支撑（图2）。

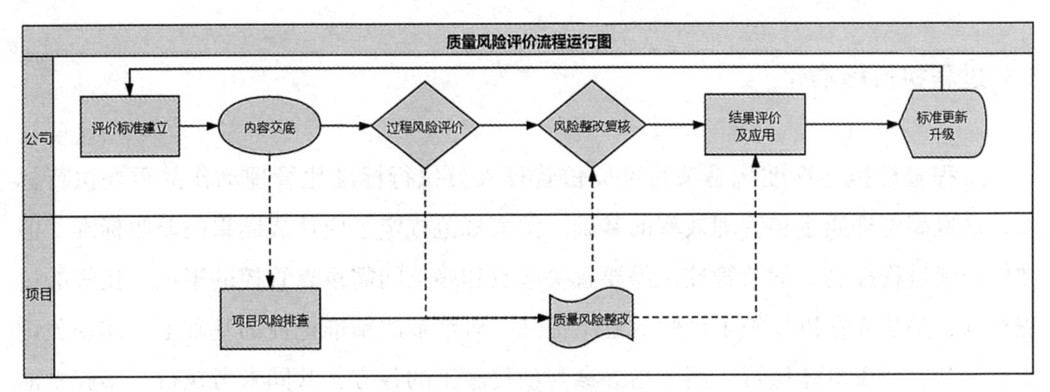

图2 质量风险评价流程运行图

管理流程是重型管理工具，有明确的对象、明确的目标、明确的责任人，体现过程管控，让公司职能部室的管理行为、节点与所管理或服务事项的发展节奏相吻合，做到服务监督及时，风险预警及时，需要时鼎力相助，必要时果断制止，风险受控，创造价值；流程类别不代表对应部门，部门名称不代表工作类别，一切以任务为中心，以骨干员工专业能力匹配为原则，倡导分工协作，公司各部门间形成有效协作，实现项目的有效管控；明确事项名称，管理目标，责任人及协作人，具体管理程序及行为（带有节点时间特征的配套行为，如策划、交底、辅导、检查、评价等），共享的管理台账，定期经验教训总结转换，定期通报机制，结果的引用与应用，这8项要素能确保流程有效运作。如质量类标准化管理流程：1.样板审核管理（包括施工深化）；2.实测与质量风险检查；3.质量问题处理；4.项目检试验管理；5.分部预验收管理；6.竣工达标验评；7.工程创优管理；8.原材料质量管理；9.标准化施工组织策划；10.标准化建筑产品制造。

3.2 管理动作标准化

标准化动作是各岗位管理人员实现具体管理目标的管理工具，通过应用符合现场实际的管理动作，形成各岗位间的协同，是确保项目质量、安全、进度、成本目标实现的最有效方法，同时实现各类风险预控管理。标准化管理动作能实现“动作程序化，程序表单化，表单信息化，信息数据化”。如质量类标准化管理动作：1.原材料进场验收；2.混凝土强度管理；3.工程隐蔽验收；4.实测实量；5.质量风险检查；6.质量问题处理；7.实体检试验；8.分项产品交接检；9.竣工达标验评；10.分户验收；11.分部验收；12.竣工验收；13.创优工程管理。

3.3 过程执行标准化

过程管理执行标准化是项目部岗位管理人员执行标准化管理动作的重要执行标准，是提高管理质量和管理效率的基础。国家规范规定了应达成结果的验收标准，但如何开展过程控制、细节管控，需要解决起点和终点间需重点管控的事项。良好的过程控制，是建立在以往施工经验的总结提炼、对细节的精准把控的基础上，体现关键重点控制，便于具体执行，用于指导参与项目施工的各方，共同参考执行，实施事前交底、过程检查、结果验评。如质量类过程管理执行标准：1.质量问题（红线）管控标准；2.主要材料进场验收标准；3.实测实量管理标准；4.检验试验管理标准；5.分项产品交接检验收标准；6.分户验收标准；7.竣工达标验评标准；8.创优质量标准。

为有效推进标准化落地，完善过程管控机制，中天六建持续加大队伍建设，在公司层面，构建“新员工入职训练营+员工季度主题学习+青年骨干研修班+主管月度学习例会”的四级学习平台；在项目部层面，构建了“大学生人才孵化营+项目管理初级研修班+中级研修班+高级研修班”四级人才培养机制，形成“四+四”级人才梯队建设，积极开展内部讲师队伍建设和课程体系开发，形成了80余人的内部讲师团队和90余门培训课程资源库，助力人才培养和管理基础能力提升，有序推进标准化建设工作立足于“实”。

4 贯彻行业管理要求，助力行业高质量发展

4.1 全面贯彻落实公司《工程质量安全手册》(简称《手册》)要求

依托企业技术、信息、管理、产业链平台，推进《手册》落实的同时，强化基础管理与风险管控，公司在《手册》条文基础上，结合工程施工中的常见问题治理，在两提两减高效工法基础上深耕，从技术性解决方案和管理程序类解决方案上寻找突

破，通过对《手册》条文、规范解析、常见问题、解决方案等集成梳理，实现内容聚合清单化、表单化，制定出具有可操作性的《工程质量安全手册实施细则》(质量、安全、机电、资料四个板块内容)，并指导项目部有效实施落地。

4.2 推进“三个建造”科技创新融合发展

中天六建作为湖北省绿色建造智能建造品质建造“三个建造”科技创新联合体单位，积极响应省厅对科技创新工作的指导精神与相关要求，依托试点项目，开展“三个建造”创新关键技术研究与应用，结合科技创新联合体工作安排，融合发展形成湖北省“三个建造”的创新关键技术清单以及技术标准。

推行《屋面PC构件及装配式施工技术》与《基于工业化建造的施工现场部品加工技术》两大关键适用技术在项目应用，加快科技创新成果转化，不断加强施工关键技术攻关，集成、推广关键技术在策划、施工过程中应用，探索适用于“三个建造”协同发展的新型组织方式、流程和管理模式，扩大成果应用范围，打造科技示范工程。

4.3 推动工程总承包能力向上向好发展

中天六建致力于以客户为中心，不断完善直营模式、施工总承包模式，推进土建、安装、精装三大专业融合由项目总经理统筹，分时段分别由土建项目经理和精装项目经理对项目进行主导。同时设立独立式安全巡视组、独立式质量管理组、项目总工办、办公室等机构，明确岗位管理权限与职责，在技术、质量、安全、进度、生产资源等方面统一监管和协调，充分发挥总承包组织及专业管理优势，不断提升工程总承包服务支撑能力。

组建铝模、幕墙、门窗、装配式构件等9家产业子公司，培育安装、装饰、幕墙等方面的深化设计服务能力，探索深化设计施工一体化。依托供应链开展物资集采管理，整合分散的采购资源，降低采购成本。建立物资周转基地，统一翻修、调拨、结算周转物资，实现物资高效周转与共享。在区域产业链平台支撑下，业务承接包括土建、安装、精装、幕墙、装配式、栏杆等工程，成功拓展业务承接范围。

从工业化生产、装配式建造、信息化管理、标准化施工来实现“每建必优”，用优质的产品回报客户，实现对客户的高质量履约，向“建筑科技领先型的现代工程服务商”的目标迈进。

二十多年来，“每建必优”从最开始的倡导，到成为工程管理方针，再到铸就项目管理模块化、标准化的新建造体系，不仅见证了中天人质量意识的不断提升、工程管理实践的不断深入，也见证了建筑业行业的变革。

质量提升是中天的一项基础性工作，是中天的一项基本功，也是行业的本质要求。质量提升之路，也是一条永无止境之路。围绕质量提升展开的“每建必优”是一项系统性工程，未来中天还将以“每建必优”为方向，在标准化管理之路上不断求索。

创新引领发展　匠心筑造精品

——北京轨道交通新机场线一期工程

工程概况

1.1 工程定位

北京轨道交通新机场线一期工程（以下简称大兴机场线工程）是我国首条运行速度最快、服务标准最高的自主化全自动运行的高品质轨道交通航空专用线路，车辆运行速度160km/h，全程运行最短时间为19min，采用AC25kV市域车和最高等级、具有完全自主知识产权的全自动驾驶系统，实现了中心城到大兴国际机场半小时通达，具有“快捷、智能、创新、品质、人本、文化、环保”的特点，是北京市乃至我国轨道交通史上“里程碑”和集大成者，已被纳入国家交通重大工程。

1.2 工程规模

大兴机场线工程南起大兴机场北航站楼，北至中心城草桥。线路全长41.36km，地下段23.65km，高架段17.71km，其中7.9km与机场高速共构。全线共设三座车站，分别为大兴机场站、大兴新城站和草桥站。设车辆基地一座，位于线路中部（图1）。

1.3 参建单位

建设单位为北京市轨道交通建设管理有限公司等4家、勘察设计单位为北京城建设计发展集团股份有限公司等14家、监理单位为北京双圆工程咨询监理有限公司等7家、施工总承包单位为北京市政路桥股份有限公司等3家、参建单位5家。

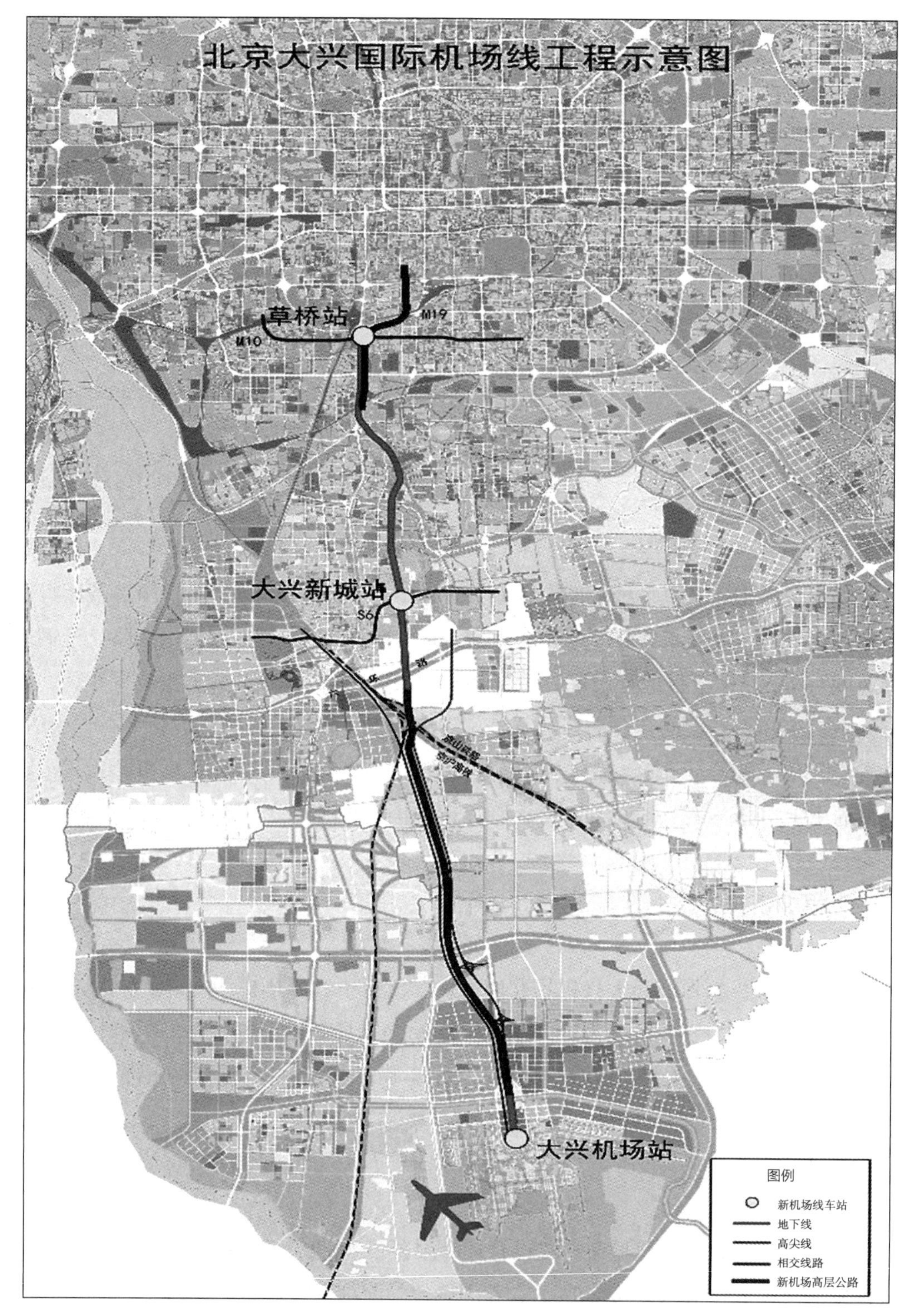

图1　大兴机场线路总平面图

1.4 建设时间

2015年12月30日立项批复，2017年1月22日开工建设，2019年9月9日竣工验收，2019年9月28日全线运营，建设周期33个月。

2 工程设计特点

2.1 国内轨道交通第一速度，开启城轨发展新时代

大兴机场线是大兴国际机场外围综合交通体系的重要组成部分，是大兴国际机场与中心城联系的公共交通主动脉，其顶层目标是大兴国际机场至长安街一线“半小时”通达。项目论证中，从线路条件、系统制式、建设成本、建设周期等方面全面对比了120km/h、140km/h、160km/h三个最高运行速度建设方案，最终确定新机场线的最高运行速度为160km/h。这一速度标准使大兴国际机场线成为中国最快的城市轨道交通（表1）。

表1

车站	停站时间	间距（m）	100km/h	120km/h	120~140km/h	140km/h	160km/h
草桥	2min	12107	8min12s	7min25s	7min23s	7min7s	6min56s
磁各庄	1min	25861	16min51s	14min34s	13min22s	12min46s	11min43s
北航站楼	2min	4036	3min14s	2min55s	2min55s	2min41s	2min33s
南航站楼	2min						
草桥–北航站楼		37968	26min3s	22min59s	21min45s	20min53s	19min39s
草桥–南航站楼		42004	31min17s	27min54s	26min40s	25min34s	24min12s
金融街客源地至机场		—	34min48s	31min50s	30min36s	29min42s	28min30s
中关村客源地至机场		—	43min	39min28s	38min12s	37min54s	36min43s

2.2 对标航空的服务标准，营造便捷舒适的乘车环境

大兴机场线建设过程中以航空乘客需求为导向，按照乘客动线全流程提高服务设

施标准，提出“对标航空”的建设理念。

站内环境方面，提高车站建筑标准，层高较标准车站最高增加3m，侧站台宽度增宽2.5m，营造开敞舒适的候车环境（图2、图3）。采用与航站楼同标准的大吨位垂直电梯，方便携带行李航空乘客进出车站（图4）。提高卫生间建设标准，设置母婴室和更衣室，为旅客营造舒适温馨的氛围（图5、图6）。

图2 大兴新城站

图3 大兴机场站

图4 大吨位垂直电梯

图5 母婴室

图6 卫生间

车站装修方面，主题采用“一带一路”，草桥站为“丝路花海”，大兴新城站为“海上丝路”，大兴机场站为“空中丝路”，内涵与大兴机场航站楼形成呼应（图7～图9）。

图7 “丝路花海”

图8 “海上丝路”

图9 “空中丝路”

车厢乘用环境方面，车辆采用6+1+1编组形式，设置贵宾（VIP，Very Important Person）车厢，减少座椅数量，加大座椅间距，设置大件行李储运空间，设置行李架（图10）。设置通用串行总线（USB，Universal Serial Bus）充电接口，乘客可以用来给手机等电子设备充电（图11）。

图10 VIP车厢

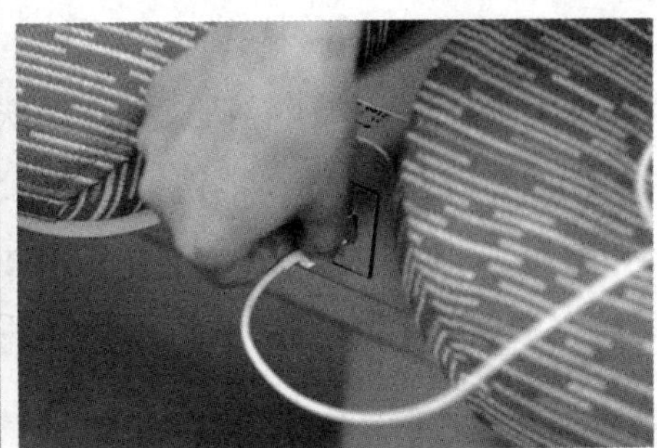

图11 USB充电接口

2.3 以车站为核心打造枢纽，实现“零换乘”综合交通体系

车站建设方面，落实建地铁就是建城市理念，将草桥站为集地铁换乘、小汽车接驳等多种交通方式为一体的综合枢纽，旅客可便捷接驳其他交通方式。大兴机场站与航站楼无缝衔接，在B1层设置为轨道旅客设置专属的值机和安检设施，提升接驳效率（图12～图14）。

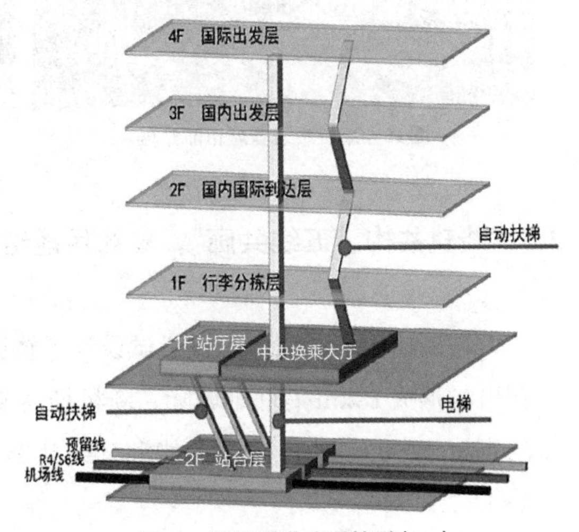

图12 “零距离”交通接驳（一）

图13 “零距离”交通接驳(二)

图14 “零距离”交通接驳(三)

2.4 设置城市航站楼，探索空铁衔接多式联运

践行“让机场回归城市”理念，把地铁站功能和机场值机功能结合起来，在草桥站设置城市航站楼，乘客在地铁站内就能实现国内国际值机、办理行李安检和托运(图15、图16)。通过快速的轨道联系改变航空乘客的空间距离感，实现了城市交通同机场航空交通的无缝衔接，极大便利了乘客。

图15 草桥站设置城市航站楼

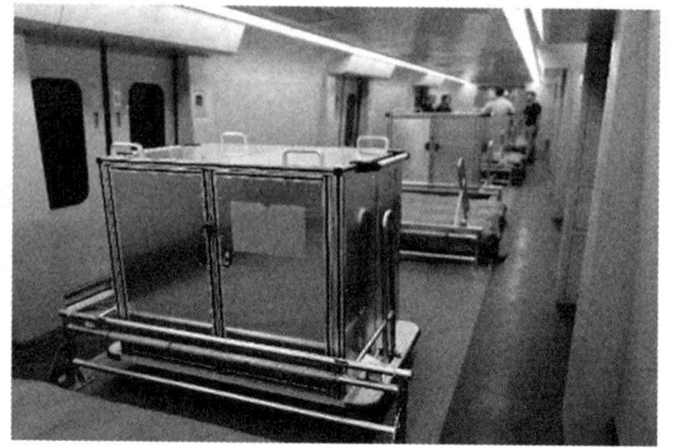

图16 行李托运

2.5“路轨共构、五线共廊”，集约用地结构新颖

大兴机场线在北京市首次尝试设计了轨道、高速共构共廊的交通模式，在六环外至新机场形成18km集京雄城际、新机场高速、大兴机场线、团河路、综合管廊为一体的宽80～100m的市政交通能源五线共廊，集约利用土地、降低建设成本(图17、图18)。

图17　五线共廊

图18　路轨共构

工程建设难点和技术创新、质量管理创新

3.1 工程建设难点

3.1.1 国内首条160km/h轨道交通线路系统装备选型

大兴机场线开通前国内已有44个城市开通约6000km地铁线路，最高运行速度为120km/h，大兴机场线将地铁的最高运行速度提升到了160km/h。传统轨道交通系统装备已无法满足大兴机场线高速运行和大站间距的需求，车辆系统、供电系统、信号系统、通信传输系统、轨道系统等方面均需要革命性创新。

3.1.2 北京市首条8.8m大直径轨道交通盾构区间

大兴机场线工程中，草桥-大兴新城站区间存在12km长度区间，而目前国内地铁和城际铁路建设中尚未出现采用AC25kV供电制式、160km/h下如此长距离的盾构区间。从适应高速运行的阻塞比和交流系统对设备安装限界的要求考虑，通过工期可控和造价经济角度分析，盾构区间采用外径8.8m的单洞单线盾构，这在北京属首次，同时穿越北京地区最典型粉质黏土、粉砂及砂卵石地层，地下水位高，大直径盾构含水卵石地层，长距离安全快速掘进难度大。

3.1.3 北京市首条实现三线四桥集群式桥梁转体

大兴机场线、机场高速、团河路等三线四桥需同时上跨繁忙干线京沪铁路、下穿京沪高铁，梁体间最小距离仅有20cm，只有同时转体才能实现三线贯通。在平面条件、竖向条件、转体时间都受限条件下，完成三线四桥同时转体难度极大。

3.1.4 暗挖隧道近距离穿越北京地铁10号线和众多高风险源

草桥站包括两端区间仅1.21km长度，涉及风险源达80个，超近距离（0.8m）上跨既有10号线盾构区间、下穿镇国寺北街、南三环、燃气调压站、京沪高铁、京沪铁路等，施工期间既需要保证铁路、公路的正常运营，同时又要保证地下管线及地面建构物结构安全，将地面沉降控制在规范规定范围之内，施工难度极大。

3.1.5 “毫米级”施工精度控制要求高

大兴机场线是国内城市轨道交通第一速度，为确保列车以速度160km/h安全平稳运行，对施工质量、绿色建造、设备安装、轨道铺设等提出了更高的施工质量标准，线路施工精度达到了“毫米级”。

3.2 技术创新

3.2.1 160km时速下系统制式突破，建立市域快轨标准体系

在160km/h最高运行速度需求条件下，大兴机场线在系统制式选型突破了传统地铁设计规范，首次将国铁和城轨成熟技术融合创新。选取基于CRH6平台的改性动车组作为大兴国际机场线的车辆，AC25kV的供电系统作为大兴国际机场的牵引动力系统。采用基于通信技术的列车自动控制（CBTC）技术，与全自动运行相关的系统协作、联动实现GoA4级全自动运行功能。统一建设基于LTE技术承载多业务传输平台，以应对160km/h的高速要求，形成了160km/h市域线路建设的典范。出版著作《大兴机场线综合规划与总体设计》(中国铁道出版社，2020年5月，徐成永、姜传治、贺鹏)《北京大兴国际机场北线高速公路（京开高速公路—京台高速公路段）工程档案》(人民交通出版社，2021年3月，《国家交通重大工程档案》编辑部)，催生《轨道交通架空刚性接触网技术规范》BJJ T/0043—2019、《市域快速轨道交通设计规范》T/CCES2—2017、《市域快轨交通技术规范》T/CAMET 01001—2019等三本行业规范，填补国内空白。

3.2.2 研发160km/h高速刚性接触网，填补行业空白

为了满足高速运行和长距离区间的需求，同时考虑传统柔性接触网与盾构法施工具有天然的矛盾性，为节约工期、降低造价，本项目创新研发了时速160km刚性

接触网成套技术。建立基于有限元技术的时速160km刚性接触网和受电弓全参数化、全三维化耦合计算模型，研发满足时速160km锚段关节、刚柔过渡技术，提出了基于时速160km刚性接触网振动和疲劳试验的标准和方法，攻克了刚性接触网导线施工平顺度精准控制技术，满足了时速160km刚性接触网弓网受流设计要求，制定了时速160km刚性接触网涵盖设计、制造、施工和运维的标准规范，该研究成果经鉴定为国际领先，对于后续市域线乃至川藏铁路的建设均有重大意义（图19）。

图19 刚性接触网

3.2.3 160km/h互联互通全自动驾驶，引领数字化技术革新

大兴机场线采用了世界最高等级、具有完全自主知识产权的全自动驾驶系统，是国内首条按照互联互通标准建设的全自动运行系统线路，首次在160km时速下采用CBTC系统，实现了CBTC系统在高速条件下的成功应用。采用LTE-M解决高速下无线传输问题，按照互联互通标准建设，实现GoA4等级全自动驾驶，具备自动唤醒、休眠、自动洗车、障碍物与脱轨检测等功能，是城市轨道交通自动化最高等级。该项技术进一步提升了轨道交通的运行效率及整体自动化、数字化水平，已获得北京市科学技术奖一等奖（图20）。

3.2.4 定型“市域D型车”，促使市域车辆装备工业化

大兴机场线在车辆选型方面，结合线路自身特点，并充分展望了市域线发展方向后，对基于CRH6平台列车参数进行了定制化修改。优化车辆参数，缩短车辆长度，减小定距，使之具有更小曲线过弯能力；优化车辆加减速性能，调整车门布局，加大车门开距，使列车能够快速起停，旅客快速乘降，满足公交化运行；采用塞拉门，保证车体气密性，适应更高运行速度。优化后的车型被定义为“市域D型车”（白

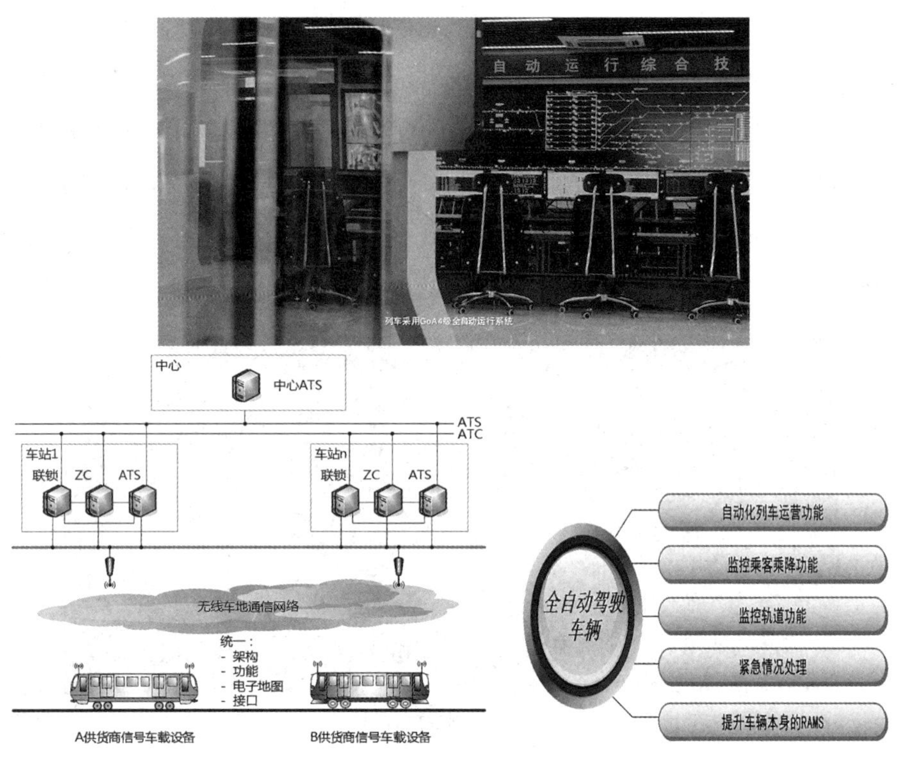

图20 全自动驾驶系统

鲸号），兼具高速运行和公交化特征，促进市域车辆装备标准化、工业化，出版著作《智造“白鲸号”城轨树新标》（人民交通出版社，2020年7月，《国家交通重大工程档案》编辑部）（图21、图22）。

图21 出版著作

系统		钢轮钢轨				胶轮	磁浮	
车型		市域A型车	市域As型车	市域B型车	市域D型车	市域单轨车	A型中低速磁浮车	B型中低速磁浮车
供电制式		AC25kV或DC1500V	AC25kV或DC1500V	AC25kV或DC1500V	AC25kV	DC1500V	DC1500V	DC1500V
车体基本长度（mm）	22000	19000	19300	22000	22000	10930	14000	15600
	22000+Δ	20300	19000+Δ	22000+Δ	22000+Δ	10930+Δ	14000+Δ	15600+Δ
车体基本宽度（mm）		3000	3000	2800	3300	3165	3000	2800
车辆落弓高度（mm）		交流4400 直流3810～3850	交流4070 直流4070	交流4400 直流3810～3850	4640	3095（无受电弓、轨面到车顶）	≤3700（无受电弓、轨面到车顶）	≤3700（无受电弓、轨面到车顶）
车内净高（mm）		≥2100	≥2200	≥2100	≥2200	≥2200	≥2100	≥2100
地板面高（mm）		1130	1130	1100	1260～1280	525	987	880
固定轴距（mm）		2500	2200	2200、2300	2500			
车辆定距（mm）		15700	13400	12600	15700	9150	悬浮架模块长度≤2800	悬浮架模块长度≤2800
每侧车门数（对）		2～5	2～4	2～4	2～4	2～3	2～3	2～3
车门宽度（mm）		≥1300	≥1400	≥1300	≥1300	≥1300	≥1300	≥1300
车轮直径（mm）		840	840	840	860	1000走行轮、540导向轮		
轴重（t）		≤17	≤15.5	≤15	≤17	≤14	车辆悬浮能力≥34t	车辆悬浮能力≥33t
最高运行速度（km/h）		交流100～160 直流100～140	交流100～160 直流100～140	交流100～160 直流100～140	100～160	100～120	100～120	100～160

注1：Δ：司机室加长量；
注2：在供电制式不同的相邻线实施互联互通运营时，可采用AC25Kv/DC1500V双流制式车辆。

图22 市域快轨车辆主要技术规格

3.2.5 8.8m盾构长距离掘进，助力盾构安全高效贯通

大兴机场线地下盾构段首次采用8.8m盾构机，结合160km/h地铁盾构隧道建设

要求及地质条件，项目开展了北京地铁新机场线160km/h盾构长距离高效掘进技术系列研究。形成长距离盾构区间无检修井施工不换刀快速掘进技术、卵石地层大盾构刀具减磨与装配式竖井不停机快速换刀技术、连续皮带出渣及喷淋分离全部利用技术、多个冷冻法联络通道与长大盾构快速掘进同步施工零干扰技术等一系列研究成果，研发了装配式检修井、耐磨耐冲击刀具、土压盾构掘进皮带折返连续出渣装置、多功能地面冷冻管片等多项设备，成功满足8.8m直径长距离掘进的要求，实现了不换刀、长距离、安全、高效掘进。相关成果经鉴定达到国际领先水平，并出版学术专著《北京大兴国际机场线中型盾构长距离高效掘进综合技术》(人民交通出版社，2020年11月，刘天正等)(图23～图27)。

图23　出版著作

图24　盾构区间“双线”贯通

图25　盾构始发

图26　装配式检修井

图27　风井折返出渣系统

3.2.6 城市敏感区域微变形控制，实现隧道群近接施工

在草桥站建设过程中，为克服现有上跨既有线施工方法的不足，采用“骑跨盾构板凳桩+高精度管幕+分段开挖均衡卸载”的施工和监控技术，工程完工后既有10号线结构最大上浮1.38mm，盾构管片错台最大位移0.8mm（控制值2mm），实现了砂卵石地层隧道近接上跨（结构净距0.8m）既有运营盾构隧道隆起的有效控制。研发以“保护对象预加固和高精度双向对接管棚”为核心的砂卵石地层大断面隧道超浅埋下穿城市主干道变形控制技术，穿越过程中成功将变形量控制在1.3mm，实现了大断面隧道超浅埋（4m）下穿城市主干道的安全快速施工。首次提出隧道浅埋下穿在役燃气调压站变形控制指标，采用管棚隔离、低压高频注浆、实时变形监控与支护参数动态调整等施工技术，解决了城市地铁隧道浅埋下穿燃气调压站的沉降控制（8mm）难题。经一系列技术创新形成城市敏感环境下微变形控制技术，出版学术专著《北京地铁新草区间隧道群近接施工关键技术研究》（中国水利水电出版社，2021年1月，肖毅、何继华），相关技术成果经鉴定达到国际领先水平（图28～图33）。

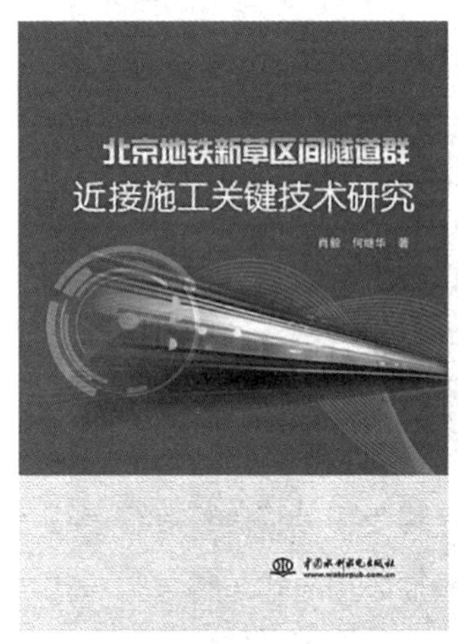

图28　出版著作

图29　草桥站实景图

图30　上跨既有线下穿镇国寺北街剖面图

图31　下穿燃气调压站

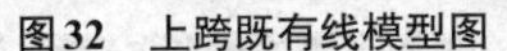

图32　上跨既有线模型图

图33　水平管幕顶管顶推力施工

3.2.7 路轨共构建造关键技术，助力“五线共廊”绿色集约化

针对城市路轨共构共廊桥梁施工具有工期及用地紧张、作业空间狭小等特点，首次提出了路轨共构建造关键技术，研发了用于共构结构施工的低矮架桥机，通过对架桥机走行轮箱与天车横梁进行特殊设计以及其他一系列改造措施，使架桥机满足有限空间内架设需求，实现了上层公路梁与下层轨道梁同步架设，确保短工期高质量施工，推动了路轨共构承载结构在当前城市集群化发展背景下的应用。

针对新机场轨道、新机场高速、团河路在内的三线四桥上跨繁忙京沪铁路、下穿京沪高铁、四桥毗邻布置的施工难点，通过优化转体主桥球铰结构，融合卫星信号与施工BIM系统，研发了“三线四桥转体监测平台”系统，利用“时间差，错位运行”的原则，严卡时间点，在“水立方”大小的空间内，实现了90min内三线四桥精准转体到位，开创了桥梁集群式转体施工的先河。相关技术成果经鉴定达到国际先进水平（图34～图38）。

图34　共构结构低矮架桥机

图35　四桥三线转体段实景图

图36　四桥三线同时转体过程

图37　RPC高强混凝土球铰安装

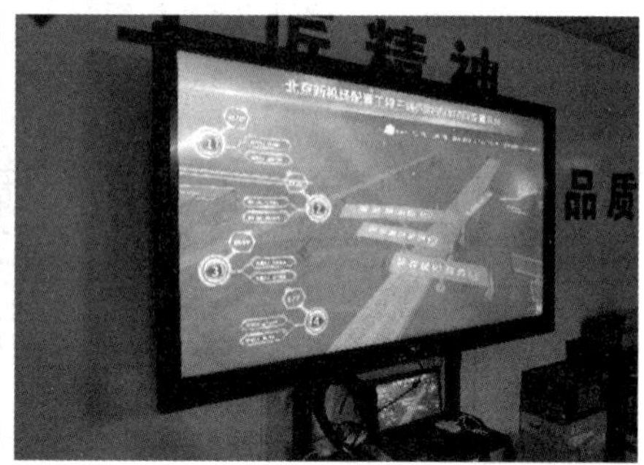

图38　转体桥转体监控系统

3.3 质量管理创新

3.3.1 大PPP模式新，建设运营管理风险低

大兴机场线是北京轨道交通工程截至目前规模最大社会化引资项目，是北京市首条从投资、建设到运营全周期采用政府和社会资本合作模式的城市轨道线路。大兴机场线由北京市交通委员会作为招标人组织招标，京投公司为该项目政府出资人代表，北京市轨道交通建设管理有限公司、北京城建集团有限责任公司（简称北京城建集团）、北京市政路桥股份有限公司（简称北京市政路桥）和中国铁建股份有限公司（简称中国铁建公司）四家企业组成“联合体”中标后，成立北京城市铁建轨道交通投资发展有限公司（PPP项目公司），成为大兴机场线的投融资主体单位（图39）。

CSTI | 城市铁建

图39　PPP项目公司及成员

在招标阶段，大兴机场线首次将土建工程纳入社会化引资范围，首次采用公开招标方式招选社会投资人，一方面缓解了政府当期投资压力；另一方面通过对联合体设计、施工及运营经验的严格把关，有效降低建设运营期管理风险。

在投融资模式方面，大兴机场线也做了积极尝试，创新采用了“项目融资+PPP融资”的综合模式。项目融资部分由京投公司使用授权经营服务费及配套融资方式解决；社会化引资（PPP融资）部分，股权融资占40%，债务融资60%。政府与中标人通过建立“利益共享、风险共担、全程合作”的共同体关系，减轻政府财政负担，降低融资成本，减少社会主体投资、建设、运营风险。

3.3.2 “一代建三联合”，PPP联合体优势互补保质量

大兴机场线由北京轨道公司、北京城建集团、北京市政路桥和中国铁建公司四家企业组成“联合体”中标，成立北京城市铁建公司（PPP项目公司），采用“以项目公司为管理主体、各联合体企业分工协作”的“一代建三联合”管理模式图。北京城市铁建公司构建管理体系和管理机构，全面融合和充分发挥联合体企业的优势，严密掌控建设质量。北京轨道公司全面代理大兴机场线的建设管理工作，充分发挥其建设管理经验专业丰富、市场资源调动驾轻就熟优势，联合体其他成员（北京市政路桥、中国铁建、北京城建集团）充分发挥其雄厚的技术、施工综合实力，利用北京城建设计发展集团国内地铁设计行业龙头地位的深厚底蕴和丰富的设计经验，将投融资能力、建设管理能力、施工能力、运营管理能力整合在一起，高效有力地组织工程重难点的攻克、重大装备的购置、各设备系统安装的统筹协调等工作，全方位保障工程建设品质（图40）。

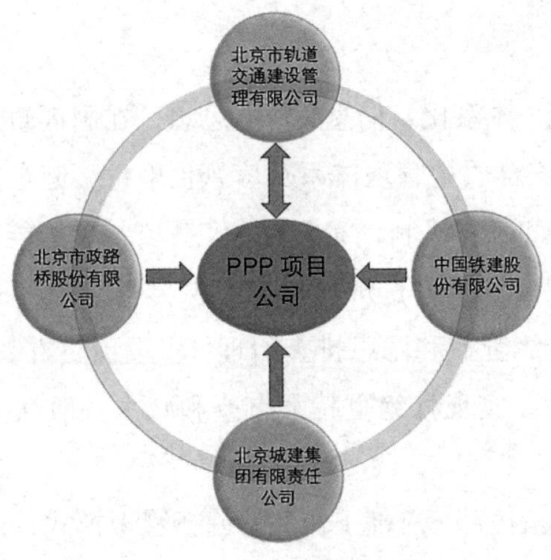

图40 PPP项目公司

4

工程质量管理制度、管理流程、质量管控措施

4.1 工程质量管理制度

自大兴机场线工程筹备建设以来，针对本工程的特点、难点及创新点，开展了一系列的技术调研及论证工作，为下一步设备招标、施工设计、工程实施打下了坚实的基础。工程开工后，从设计管理方式、工程管理机制、开工条件落实、工程管理措施、工程方案优化、新技术应用、设备技术优化等多个方面进行超前筹划。一是采用“设计管理总部为主管部门、其他部门分专业管理、设计单位具体设计与现场服务”的规划设计管理体系，充分发挥设计优势和资源，全面完成新机场线工程施工图设计工作；二是按照“以铺轨促工程推进、以验收促功能完善”的管理原则，采取“定量为主、定性定量相结合”的质量管理策略，从原材料到施工再到检测数据，从一般缺陷督促整改到严重问题督办跟踪，树立质量观念，严把过程质量管控，铸就大兴机场线精品工程；三是建立健全质量管理体系，树立全面质量管理意识，严格执行样板引路、三检制度、危险性较大方案专家论证制度等一系列过程控制措施，细化目标，层层落实，关键工序严格把控，全面开展质量提升QC活动，积极开展技术攻关和创新，创建精品工程。

4.2 工程质量管理流程

北京轨道公司采用“体系化、信息化”的思想，在国内轨道交通建设领域创新建立了“1综合+3专项”安全质量管理体系及信息化平台。健全安全风险分级管控和隐患排查治理的工作制度和工作机制，完善技术工程支撑、智能化管控、第三方专业化服务的保障措施，实现安全风险自辨自控、隐患自查自治，形成较为完善的城市轨道交通工程安全风险分级管控和隐患排查治理“双重预防机制”，提升轨道交通工程安全质量整体预控能力，实现杜绝重特大事故和减少一般性事故发生的安全质量管理目标。

大兴机场线采用“指挥部+总部下沉”的创新管理模式，成立了大兴机场线领导小组及大兴机场线工程建设指挥部，采用“公司总部全面负责”建设管理模式，严

格执行“1+3”和“双重预防机制”，充分发挥公司总部各相关部门作用，对项目实行“横向到边，纵向到底”的建设管理，减少管理层级，加快决策效率。以“集约化管理”汇聚各方优势资源，前瞻性地发现问题，专业性地解决问题，总控性地推进建设，各联合体成员项目部由指挥部统一调度、统一指挥、统一协调，实现“智慧、绿色、人性、安全”四位一体的地铁建设目标，打造“高速、高质量”双高地铁工程。

4.3 工程质量管控措施

4.3.1 “四层四化”夯基础，强化管理促质量

施工过程中采用“四层四化”管理模式，集团、指挥部、项目部、班组层层负责，层层把关，卡好质量关口，将“规范管理、精细施工”的理念贯穿工程施工全过程，确保工程质量不断提升、一次成优（图41）。同时以“层级管理”促进“四化管理”，实现施工全过程“标准化、信息化、规范化、精细化”。标准化管理主要体现在“管理制度标准化”“人员配备标准化”“现场管理标准化”“过程控制标准化”四个方面，信息化管理主要体现在建造过程“数字化”“网络化”“可视化”“智慧化”，规范化管理主要体现在“现场布设规范化”“施工工艺规范化”“管理行为规范化”三个方面，精细化管理主要体现在“质量管理精细化”“施工组织精细化”“文明施工精细化”三个方面。

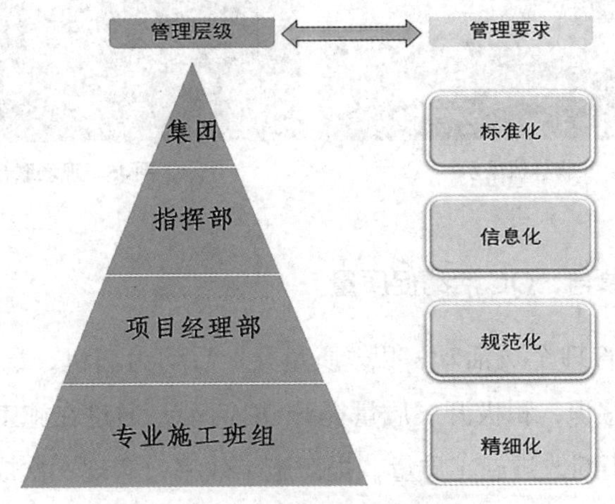

图41 “四层四化”管理

4.3.2 首件样板树标准，精细管控促质量

建立健全质量管理制度，严格执行样板引路、过程三检制度、危险性较大方案

专家论证制度等一系列过程控制措施，严格管理，细化目标，层层落实，关键工序严格把控，坚持按规范、标准组织施工。实施样板引路，完善自检、强化交底、突出验收，严格过程控制，实施首件确认制度，确保工序质量，建立联合质量检查制度，定期召开专项质量分析会，研讨分析现场质量问题发生原因及整改措施，积极采取预控措施避免类似问题再发生（图42～图45）。

图42　首件质量总结会

图43　首件验收

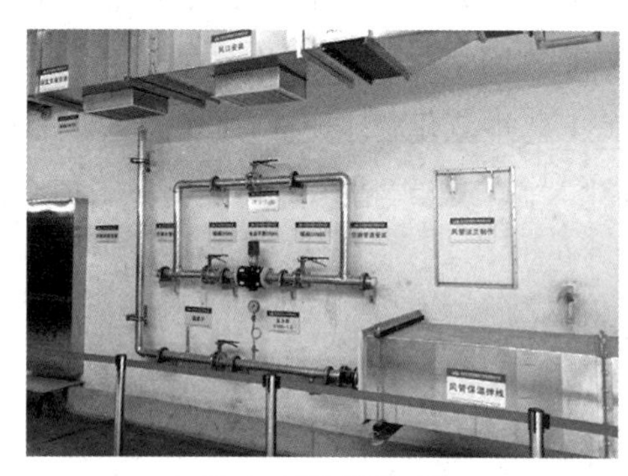

图44　实物样板展示

图45　现场联合检查

4.3.3 质量管理全参与，QC活动促质量

积极开展质量管理全员活动，以“质量月”活动为契机，层层压紧压实质量责任，强化质量风险意识，积极开展质量提升QC活动，通过在施工中发现问题、分析问题、解决问题，不断改进施工质量，提高施工效率，实现一次成优（图46）。

4.3.4 信息管理再升级，智慧建造促质量

针对大兴机场线建设难题，研发数字信息化平台，以信息化培育新动能，用新动能推动新建设，采用三线四联转体监测平台、盾构施工管理平台、预制梁场

图46　各种荣誉

管理平台、智慧云平台等一系列信息化技术，直观精准指导现场施工，强化质量管理（图47、图48）。

图47　四桥三线联合转体监测平台

图48　智能机器人巡检设备

项目所有钢筋均采用数控智能钢筋加工设备加工、模板采用定型钢模、预应力张拉采用智能张拉设备张拉，确保了工程质量高标准完成（图49、图50）。

4.3.5 BIM技术广应用，直观展示促质量

运用BIM技术制作模型漫游展示，实现施工方案模拟、交通导行、三维可视化视频技术交底等，直观精准指导现场施工（图51）。

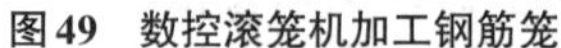

图49　数控滚笼机加工钢筋笼

图50　智能张拉设备进行预应力张拉

图51　BIM技术应用：魏永路交通导行

通过采用装饰面板BIM校核排板、预拼装、样板段等方法，确保了大兴机场线西站台超大平面曲板和造型柱拼装对称、美观、整齐，实现双曲铝板、异形板、造型孔板和丝印艺术板完美拼装（图52、图53）。

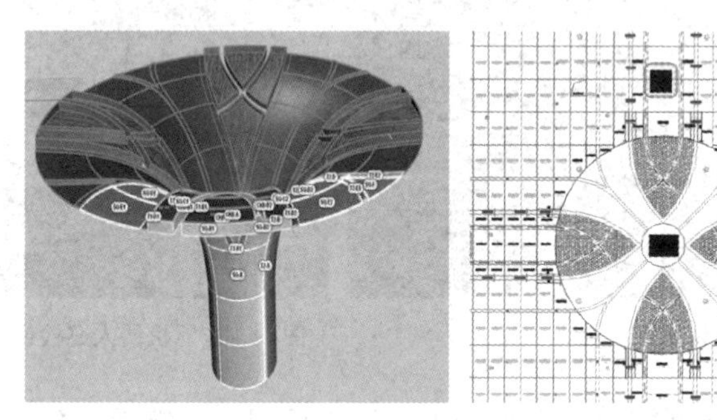

图52　大兴机场线西站台造型柱

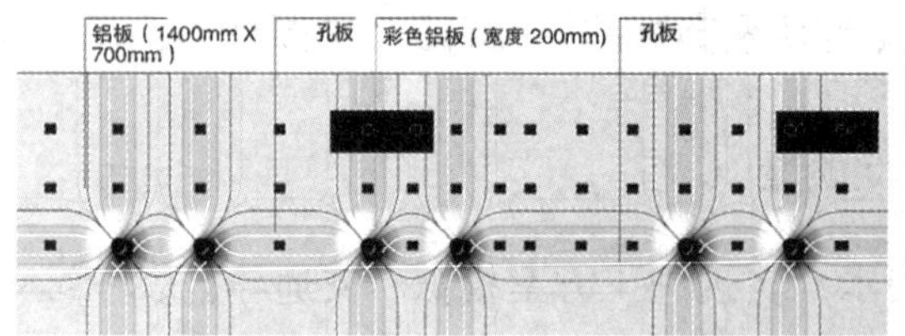

图53　大兴机场线西站台造型柱

4.3.6 数字测控新技术，精准定位促质量

本工程车辆段整体形状不规则，钢柱位置受地铁轨道线影响无轴线可循，主梁及次梁多为斜向连接，精准定位较难。为保证钢柱在平面坐标位置的精准定位及钢梁连接板朝向准确，现场钢柱锚栓全部采用全站仪或GPS数字化放样，将采集的数据导入CAD图中，进行实时比对，及时发现问题及时纠偏，解决了钢柱布置无轴线可循不便于精准定位的技术难题（图54、图55）。

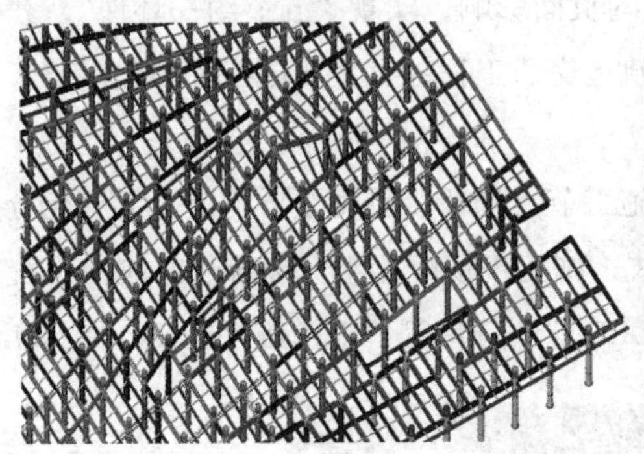

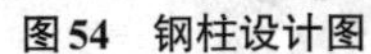

图54　钢柱设计图

图55　钢柱现场施工图

针对轨道综合动态测试期间平稳性易超标的问题，引入轨道精调专业人员、全自动化精调软件和精度更高的精调扣件，自动拟合出实际最佳线形，使轨道几何形位和线形恢复到最佳状态，让运营轨道车组快速达速，并一次性通过综合动态测试（图56、图57）。

图56　瑞士安伯格GPR1000IMS惯导型轨道测量仪

图57　轨道精调

5

工程绿色、节能、环保措施

5.1 工程绿色措施

响应国家生态文明建设战略部署，用海绵城市建设理念，通过科学管理和技术创新，最大限度地节约资源，减少对环境的负面影响，实现“五节约一环保”，获得北京市建筑业绿色施工示范工程、北京市轨道交通工程绿色文明施工标准化示范工地。

1）节能

加强现场能源综合利用，加大绿色施工节能创新，研发了盾构渣土无害化分离泵送技术，实现变废为宝和“三废”零排放；施工现场配置空气能源热泵制冷系统代替空调和热水器；现场设置太阳能路灯、LED照明灯带等节能措施（图58～图60）。

图58　盾构渣土无害化分离泵送技术

图59　项目部设置太阳能路灯

图60　施工现场LED照明灯带

2）节材

施工过程中加强建筑垃圾减量化与资源化利用，研发了适合现场围墙等临时设施的砌砖，解决了施工围墙砌筑占用大量优质砌筑资源及产生大量难以再生处置建筑垃圾的双重矛盾；盾构机采用研发的装配式检修井施工技术，装配式腰梁、波纹板及型钢对称后期拆除后仍可回收利用，践行“可持续发展”的战略理念（图61～图63）。

图61　装配置检修井施工

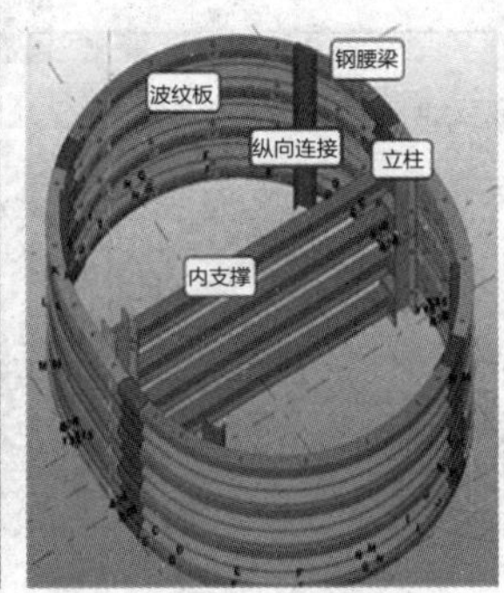

图62　装配置检修井结构

图63　临时设施砖

3）节地

共构段施工研发新型架桥机，实现上层公路梁与下层轨道梁互不干扰，无缝对接，节约施工用地；上盖梁施工选用钢管柱贝雷梁施工体系，省去大面积地基处理；施工过程中采用BIM技术进行施工场地规划，最大化地节约建筑用地（图64～图66）。

图64　新型架桥机

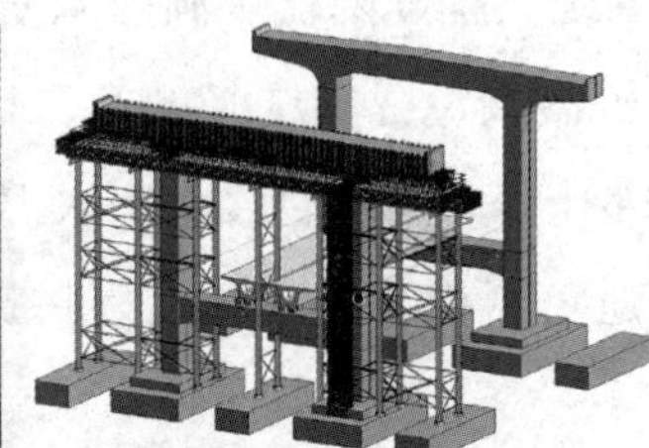

图65　钢管柱贝雷梁施工体系

图66　场地规划

4）节水

运用海绵城市建设理念，打造北京市首个多功能海绵工地——磁各庄车站。针对施工降水、雨水、生活污水，打造具备“渗、蓄、滞、净、用、排”等功能的运行处理体系，减轻防汛压力、提升景观效果，实现区域低影响、生活污水零排放，从而达到节约水资源。成为“2018城市轨道交通基础设施绿色建造与智能运维高峰论坛”主题平台杂志《RT》（2018.6第140期）重点宣传推介的绿色建造创新项目（图67～图69）。

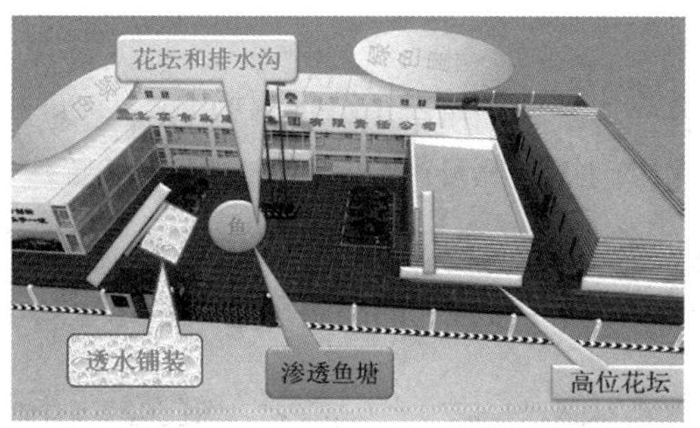

图67　海绵工地

图68　循环用水洗车池

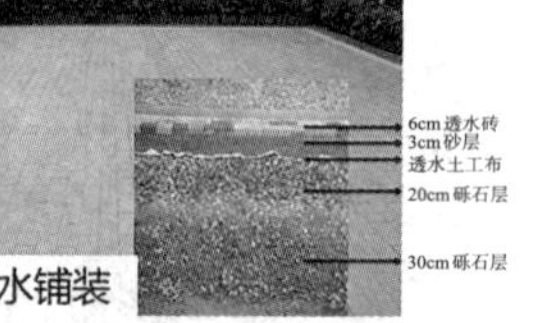

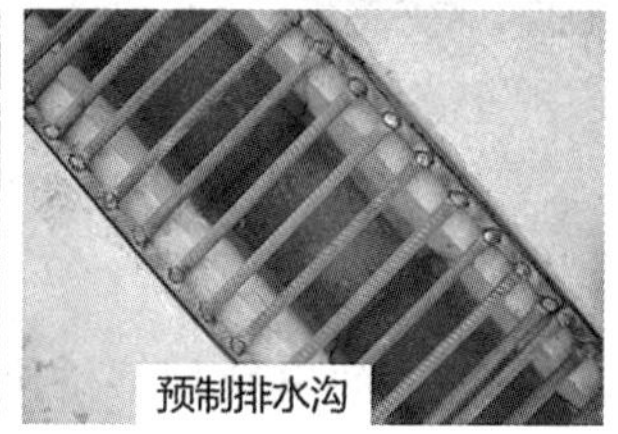

图69　现场照片

5）节约劳动力

应用连续皮带机渣土运输系统大幅度降低了洞内调度和垂直运输操作人员的工作强度；采用立式智能钢筋加工机器人、智能压浆设备、装配式检修井，实现机械化、装配化施工；研发了二衬钢筋绑扎台车，可直接将一次拆撑距离增加至24m，实现二次衬砌台车法连续流水作业，避免了由支架模板反复拼拆导致的劳动力损耗（图70、图71）。

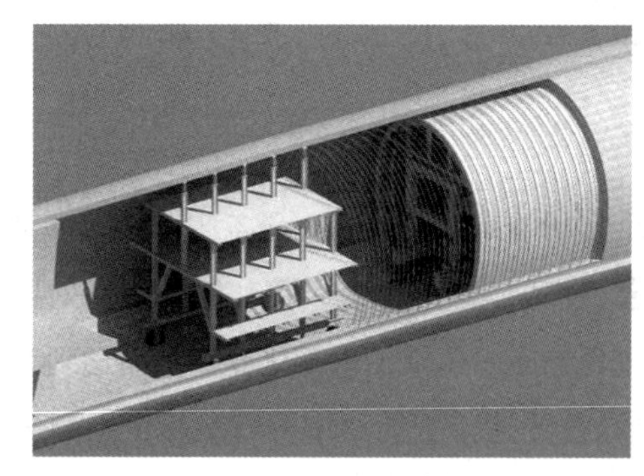

图70　二衬钢筋绑扎台车

图71　立式智能机器人

5.2 工程节能措施

1）因地制宜，引入自然采光、自然通风

草桥“地下空间地面化”，设置采光天窗、玻璃穹顶引入自然光线；同时引入光导照明系统，车站照明费用节约15%以上（图72～图74）。

图72　采光天窗

图73　光导照明

图74　出入口引入自然光

2）智能化控制，提高综合节能率

设备配置方面，采用智能化控制系统，通过算法提升设备能效。车站采用通风空调群控系统，综合节能率较传统提高20%（图75、图76）。

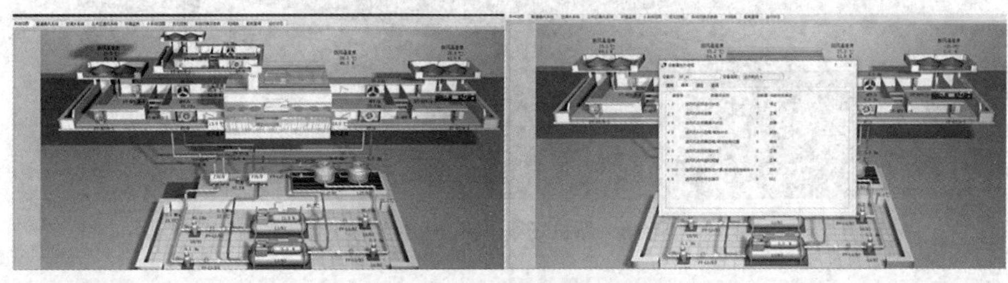

图75　通风空调群控系统

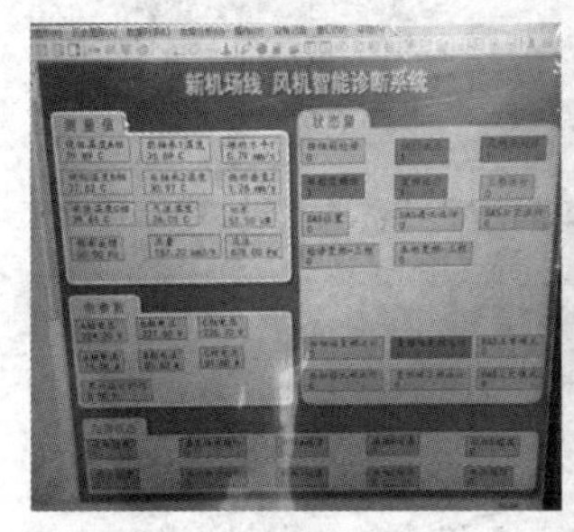

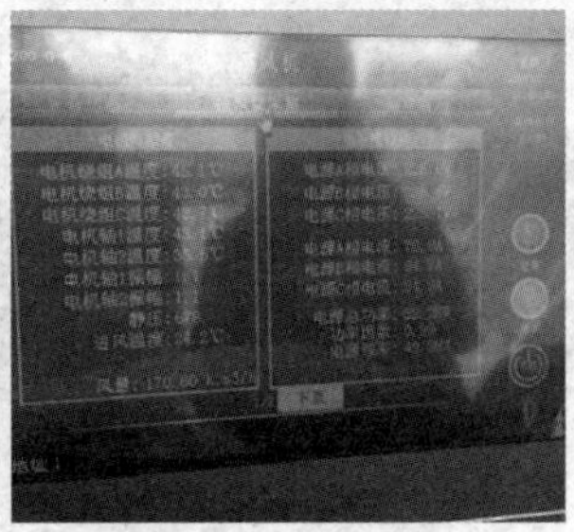

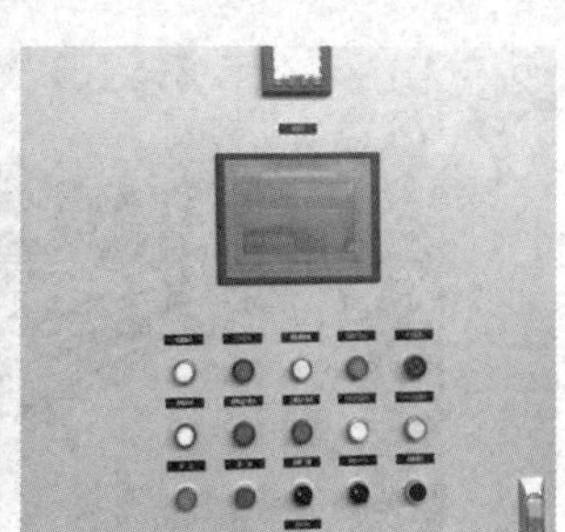

图76　风机智能诊断系统

3）运营灵活配置，节约列车能耗

运营组织方面，采用四八混跑方案，降低平峰时段列车空驶率，运营期间根据客流波动灵活配置运能，采用四八混跑方式，节约列车能耗（图77）。

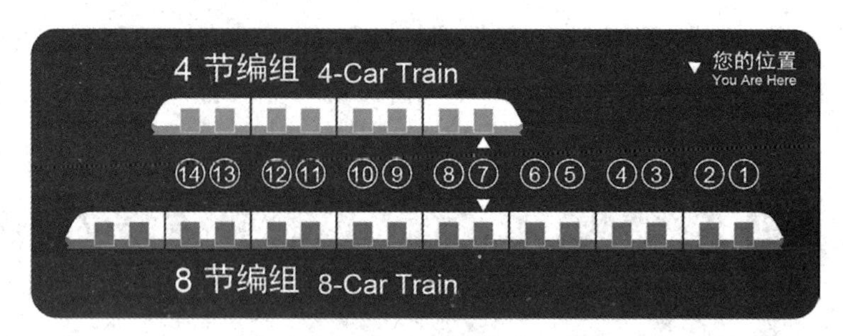

图77　四八混跑方式

4）高架共构压缩断面，节约建设用地600亩（1亩≈666.67m^2）

大兴机场线、大兴机场高速公路、团河路的“三线共构”，与地下综合管廊“四线共位”，与京雄城际“五线共走廊”的综合配套布局，通过走廊集中布置的形式，节约建设用地近600亩（图78、图79）。

图78　新机场线“四线共位”段

图79　与京雄城际“五线共走廊”段

5）车辆段上盖开发，集约利用土地资源

磁各庄车辆段占地30.3公顷（1公顷=10000m^2），车辆段采用一体化建设模式，进行上盖开发，盖上建设小汽车库、住宅小区、商业办公等城市业态，集约利用土地资源（图80）。

图80 车辆段上盖开发规划

6）冷热源共享，减少资源损耗

机场、车站实现冷热源共享，减少设备配置容量，节约能源，实现资源共享。

5.3 工程环保措施

（1）正线研发采用了适用时速160km城市轨道交通的减振垫预制轨道板整体道床，减振效果可达8～10dB，减振降噪效果显著；铺设60kg/m钢轨，钢轨质量和截面刚度均大于50kg/m钢轨，可减小振动10%。

（2）磁各庄车辆段采用了车辆段轨道成套减振技术：库内线首次采用高等减振扣件，并采用冻结接头方式形成无缝线路，降低库内股道振动8dB；库外线采用高效减振垫碎石道床，降低库外线振动8dB以上；咽喉区小半径地段采用阻尼钢轨，可降低曲线啸叫噪声3dB以上（图81）。

（3）给高架桥线路穿上特殊的"隔声外套"——声屏障，外形美观，透光性好，强度高，最大限度降低噪声对线路量测敏感点的影响，直立式声屏障段降噪效果达5dB，全封闭式声屏障段降噪效果达10dB（图82、图83）。

图81 减振降噪

图82 直立式声屏障段

图83 全封闭式声屏障段

工程实体质量水平

6.1 路基区间采用高铁建设规范标准高

路基填筑过程中通过加强控制沉降观测，克服填料自然下沉与雨水沉降的双重影响，同时按照高速铁路建设相关规范要求采用EVD与K30加强路填料的试验技术。路基填筑质量良好，平整度、承载力满足要求（图84、图85）。

图84 路基段主体结构

图85 路基段填筑压实度检测

6.2 桥梁墩身造型别致外观质量优

高架桥梁结构设计新颖、安全、美观，共构段采用“开”字形桥墩，桥梁高度最高28.5m，非共构段采用花瓶式桥墩，跨度最大32m。墩台身、桥梁整体平顺，轮廓清晰，线角顺直，色泽均匀，形成的新机场高速公路、新机场轨道、规划团河路立体交通走廊造型别致，成为首都南部一道亮丽的风景线（图86～图89）。

图86 32m跨小箱梁结构

图87 共构桥梁专用架桥机

图88 共构段桥梁结构

图89 非共构段桥梁结构

6.3 盾构隧道施工“精、准、细、严”

加强盾构掘进、管片安装、联络通道施工等关键工序及特殊部位质量控制，严格按照“精、准、细、严”的精细化管理要求，样板引路，首件先行。隧道外观整洁美观，无渗漏，无缺棱掉角现象，管片螺栓连接牢固，混凝上表面平整光滑，色泽均匀，混凝土背后密实度、钢筋保护层厚度、混凝土强度均满足要求。

6.4 钢结构工程安装定位控制精准

车辆段工程结构最大跨度23.6m，钢柱最大截面为$D1400 \times 50$，单根最大重量为28t。钢柱位置受地铁轨道线影响，无轴线可循，主梁及次梁多为斜向连接。通过综合测控技术和螺栓定位支架技术实现钢结构构件定位、安装精准可靠，工程最终获得“中国钢结构金奖”(图90、图91)。

图90　钢梁安装

图91　钢柱安装

6.5 装修效果美轮美奂，展现丝路文化

充分领会设计“一带一路”主题设计理念，现场严格控制装饰装修施工质量，线形流畅、拼缝严密，完美展现装修效果，造型美观，艺术化处理卫生间墙面，用中山装、旗袍和纸鸢体现中国文化。艺术墙采用微晶玻璃环保材料装饰，以工业固废为主要原料，装修点缀效果辉煌而大气、典雅而靓丽(图92～图97)。

图92　草桥站站厅层

图93　草桥站站台层

图94　大兴新城站

图95　大兴机场站

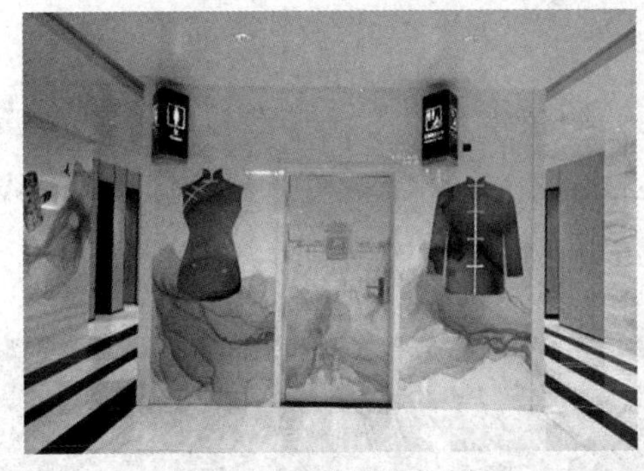

图96　大兴机场站卫生间

图97　大兴机场站艺术墙

6.6 超大平面曲板与造型柱实现完美拼装

大兴机场站西站台长188m，宽39m，净空达6.5m，整体面板由双曲铝板、异形板、造型孔板和丝印艺术板密拼而成，是车站整体效果的核心与亮点，吊顶、墙面、造型柱装饰面层的平整度、垂直度质量控制要求高。通过采用装饰面板的优化排板、BIM校核排板、预拼装、样板段等方法确保了整体拼装对称、美观，纹理整齐，安装精细。

6.7 轨道工程高精度安装，实现“五个2mm”控制

通过采用研发的新型预应力轨道板、设置150mm最大曲线超高值、钢轨设置轨底坡等一系列技术措施，实现轨距、轨向、高低、水平及扭曲的容许偏差五项指标均控制在2mm以内（图98）。

图98　高精度安装

6.8 刚性接触网安装精度高，实现“1mm”控制

通过时速160km轨道刚性接触网精度控制技术，将汇流排对接缝控制在1mm以内，将普通悬挂点导线高度误差控制在2mm以内，将锚段关节处悬挂点两导线高度差控制在1mm以内，保证了时速160km/h的弓网受流连续可靠（图99～图101）。

图99　汇流排安装效果

图100　刚性接触网测量调整

图101　调整后锚段关节

7

工程社会经济等综合效益

大兴机场线是北京市轨道交通“十三五”规划中的一条骨干线路，是北京大兴国际机场“五纵两横”配套交通工程中的快速、直达、大运量的公共交通服务专线、快线，被誉为“国门第一线”，是新时代首都发展的新引擎。大兴机场线通过对标航空的高品质服务、多样化票种等多种形式吸引客流，投入运营后产生了良好的经济效益，线路日客运量高达5.07万人，占大兴机场陆侧公共交通的35%，高于可行性研究报告中设计客流，是规划预期的1.8倍，社会经济效益显著。

大兴机场线投入运行或运营后拉动周围的交通、房地产、物流运输业等的发展，对加速京津冀地区经济融合、助力新引擎建设起到积极推进作用。作为首条时速160km的轨道线路，其成果已转化为市域领域的行业规范，全面提升了轨道交通的中国技术、中国装备、中国标准，在广州地铁18、22号线、雄安R1线、郑州K2线、重庆地铁15号线等工程应用推广，成为引领全国轨道交通行业高质量发展的“金牌典范”，为“交通强国”建设增添了精彩而浓重的篇章。

树矿坑生态修复利用工程典范

——中国建筑第五工程局有限公司城市矿坑生态修复利用工程

项目概况

矿坑生态修复利用工程位于湖南省长沙市坪塘镇，项目利用百米深废弃采石矿坑为基地进行建造，矿坑用地呈不规则多边形状，喀斯特地质，地形复杂，地势丰富岩壁坡度 80°～90°。长约440m，宽约350m，最大落差近100m。

本工程建筑面积为16.88万m^2，项目总投资约40亿元。主体建筑近似椭圆造型，呈水滴状，位于矿坑岩壁中部矿坑之上，项目采用地景式的谦逊手法，与自然崖壁地势紧密结合，充分利用基地地势特点创造出漂浮于矿坑之上的冰雪奇观（图1、图2）。

图1　矿坑原貌

图2　项目效果

工程共分为三大区域，室外水区、室内雪区以及矿坑修复区。室外水区依据地形分为屋顶、上区和下区三部分，室内雪区由雪域和配套地库组成，矿坑修复区分为水体修复区和岩壁修复区两部分（图3）。

该工程是将矿坑遗址重生为主题乐园的大胆构想和尝试，也是废弃矿坑生态修复再利用的成功典范。

图3　功能分区

2 工程设计特点

2.1 百米深坑地景设计

基地为工矿棚户区遗留的废弃矿坑，为保留原有地势地貌，修复好“城市伤疤”，并利用好其独特的优势，设计摒弃以“填埋式”的处理方式掩埋矿坑，而是突显“疤痕”的独特和壮美。高效利用矿坑地势，大胆尝试以垂直叠加的方式，突破性地解决了可建设用地紧张带来的布局受限问题，又使上部水区成为室内雪区的天然隔热屏障，为后续节约运维能耗提供了有利条件。采用地景式的谦逊手法，使得整体建筑形象宛若从矿坑崖壁生长出来一般。将庞大的建筑体量通过消失的建筑手法隐藏于地平线以下，建筑与自然环境融为一体（图4、图5）。

图4　项目建成效果

图5　矿坑与建筑结合

2.2 废弃矿坑分区修复

从尊重区域自然环境、保护矿坑自然形态出发，设计将矿坑按面客及加固需求等级分区处理，非面客区无加固需求区域采取保护策略，非面客区有加固需求区域采取改造策略；面客区无加固需求区域采取更新策略，面客区有加固需求区域采取修复策略；分别采用保护、改造、更新、修复四种不同的设计策略对岩壁进行分区处理，在最大程度保留矿坑原始风貌，又能确保矿坑边坡稳固（图6～图10）。

图6　废弃矿坑分区修复

图7　保护策略

图8　改造策略

图9　更新策略

图10　修复策略

2.3 岩壁结构协同承载

主体平台结构与坑壁柔性连接，为最大程度减少岩壁开挖，通过混凝土墩+双向滑动支座+独立基础与山体连接的创新设计，提高岩体在地震和温度作用下的整体稳定性（图11、图12）。

图11 主体平台与岩壁重叠区

图12 主体平台梁滑动支座

3

工程建设难点和技术创新、质量管理创新

3.1 工程建设难点

3.1.1 深坑陡坡

百米岩壁高耸陡峭，岩面起伏不规则，施工部署难度大（图13、图14）。

图13 裂隙上下贯通

图14 岩壁溶槽

3.1.2 重载大跨

3万m^2主体平台距坑底60m高，400余根巨型混凝土梁纵横交错，单榀钢桁架超千吨，深坑建造难度大（图15、图16）。

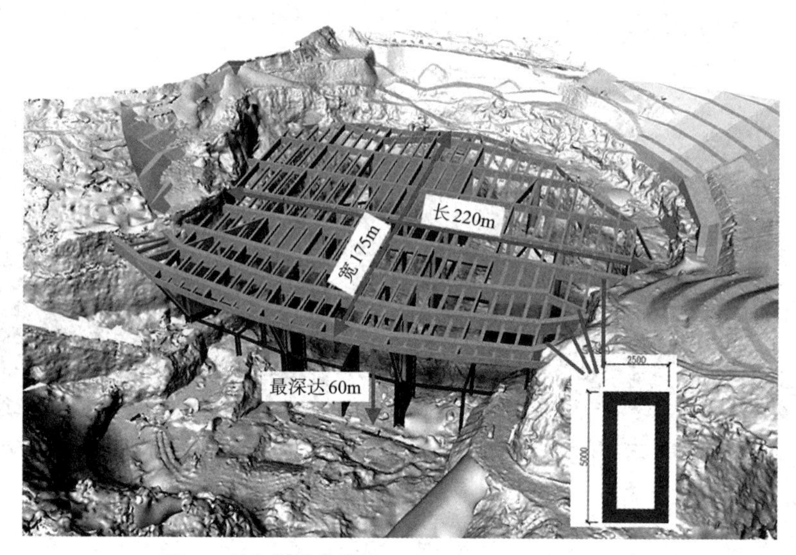

图15　平台梁最大截面2500mm × 5000mm

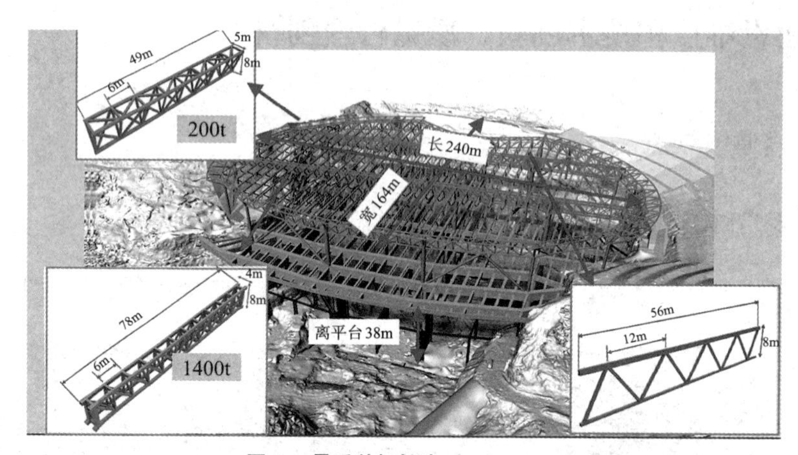

图16　最重单榀长达78m

3.1.3 业态复杂

水雪垂直叠加，百万立方米冰雪空间保温，能源综合利用难度大（图17）。

图17　水乐园与雪乐园垂直叠加

3.2 技术创新

3.2.1 创新了百米深废弃矿坑“生态修复，更新利用”的设计理念

1）构建了建筑结构与矿坑岩壁协同变形-承载的设计新体系

开展了岩壁与矿坑建筑结构协同承载的互馈机制研究，建立了建筑结构与矿坑岩壁协同作用的互馈分析方法，确定了承载力变化对支承建筑结构稳定性的影响，揭示了建筑结构受力与变形的演变规律以及建筑结构对岩壁荷载的传递机制；提出了建筑支撑结构渐进式破坏的风险评估方法；构建了考虑“岩壁变形-支座位移”及“结构突变-岩壁承载变化”协同作用的结构体系设计方法（图18、图19）。

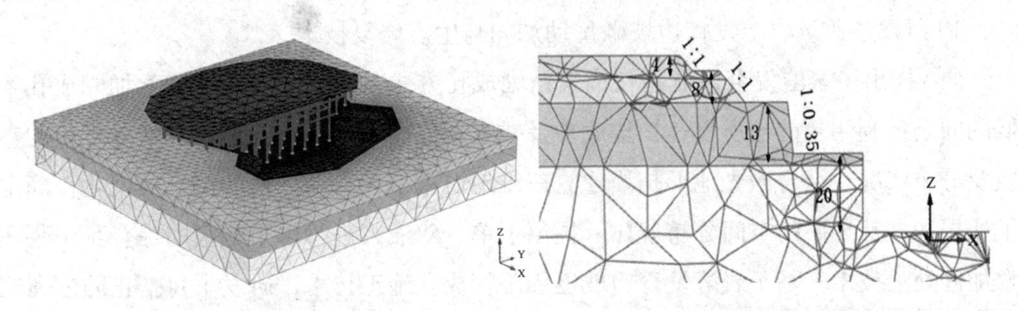

图18　三维有限元模型　　　　图19　矿坑边坡形态

以建筑结构与矿坑岩壁协同承载与互馈机理研究为基础，建立了深坑建筑结构与矿坑岩壁相互作用的多点滑动支承约束结构体系，增强了建筑结构的侧向稳定。通过对温度及地震作用下结构与岩壁多点滑动支承的分析，研发了重型结构与岩体间限

位滑动的支承装置，释放结构与岩体之间的水平约束，解决温度及地震作用下结构与岩壁相互制约破坏的设计难题，创建了矿坑结构与岩壁协同承载的新型结构体系（图20、图21）。

图20　结构与岩壁多点滑动支承

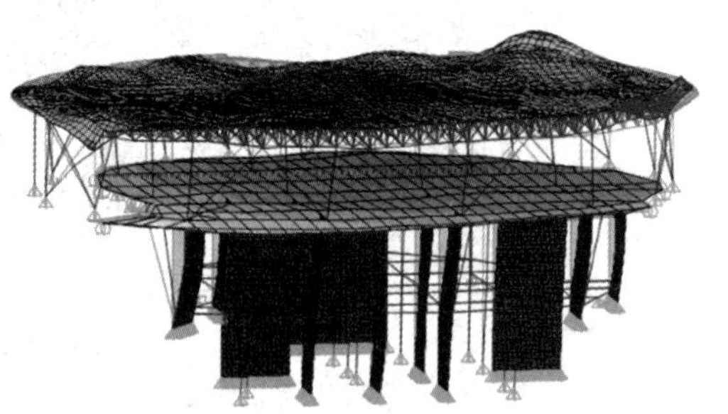

图21　项目结构整体分析

2）研发了不均匀地质环境矿坑结构分阶段承载地设计新技术

针对深矿坑地基局部承载力不足的问题，提出了深矿坑重载作用钢结构柱分阶段承载设计-施工综合应用技术，通过“胎架支撑-水平限位-分级切割-液压卸载-分段调整-对称连接”的技术措施，转移了主钢结构柱所承担部分荷载，实现了承载2000余吨钢结构柱的卸载、再承载的过程。实施过程中先将承载自重的主钢结构柱进行卸载，再实施屋顶恒荷载，将恒荷载传递至两侧钢柱上，然后将钢柱再连接以承担后续施加的活荷载，有效地解决了重载作用下不均匀岩质地基局部承载力不足的问题（图22）。

3.2.2 创新了矿坑重载大跨结构“因地制宜，深坑筑造”的建造技术

1）研发了矿坑岩溶发育边坡微扰动加固与生态修复技术

（1）提出了岩溶发育边坡超长锚索精细成孔方法。针对深坑岩壁锚索加固成孔率低的问题，利用超前地质雷达扫描成像及锚索原位孔试验获取各地层和特殊地质的参数及分布状况，结合激光地形扫描建立三维地质模型，将地下地质情况可视化，确定了地层和特殊地质的空间分布规律。提出了单、双液浆进行水平与竖向综合预注浆联合加固处治技术。基于岩溶发育边坡逐级跟管成孔施工技术，研发了自扶正防缩孔锚索成孔装置和滑动式测斜仪，攻克了复杂岩溶地质陡峭岩壁60m超长锚索加固难题，提升了深坑岩壁边坡稳定性及支撑重载的能力（图23～图26）。

（2）针对岩溶地区破碎矿坑岩壁稳定性差的问题，提出了控制爆破造成的岩体损伤范围的确定方法，建立了爆破开挖损伤范围和深坑岩壁边坡的稳定性之间的关

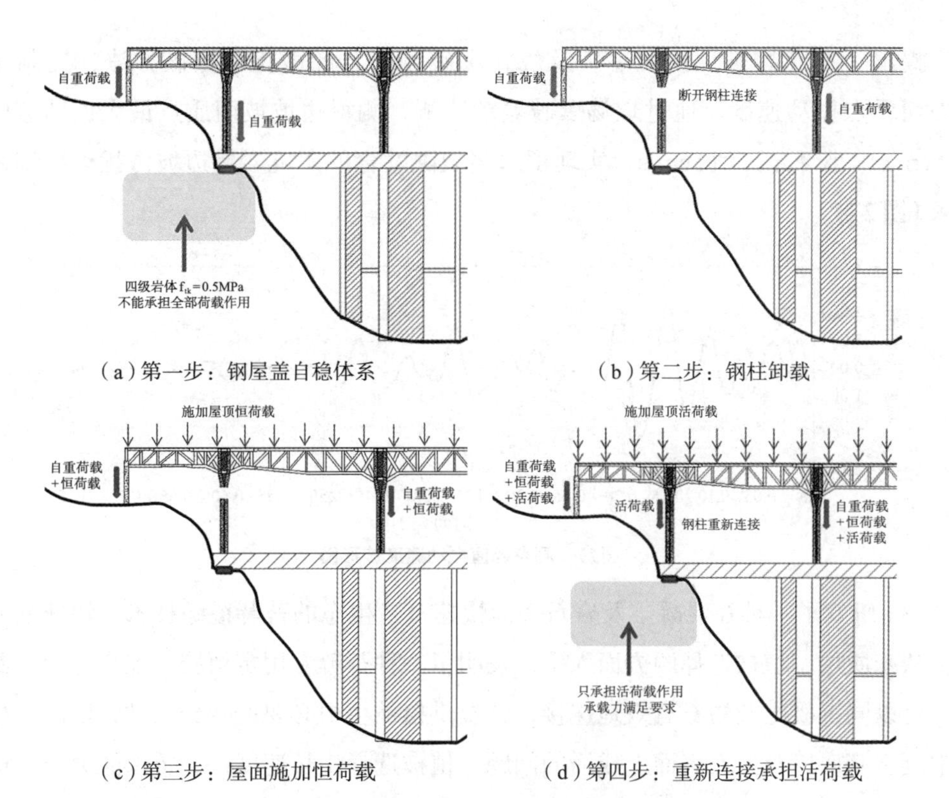

（a）第一步：钢屋盖自稳体系　　（b）第二步：钢柱卸载

（c）第三步：屋面施加恒荷载　　（d）第四步：重新连接承担活荷载

图22　分阶段卸载、加载及再承载过程

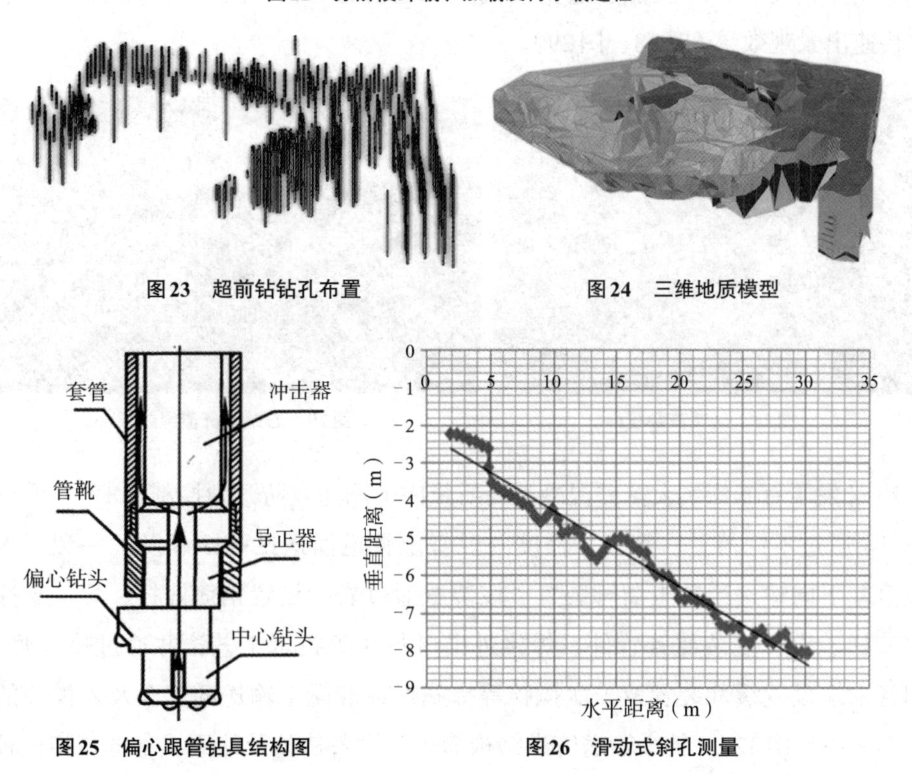

图23　超前钻钻孔布置　　**图24　三维地质模型**

图25　偏心跟管钻具结构图　　**图26　滑动式斜孔测量**

系，提出了深孔爆破、预裂爆破及浅孔爆破相结合的微扰动爆破方法，控制了边坡坡面质点振动速度。通过现场爆破振动监测，测得边坡坡面质点最大振动速度为2.35cm/s，小于允许值5cm/s，实现了岩溶裂隙发育的矿坑岩壁边坡微扰动精细修复要求（图27）。

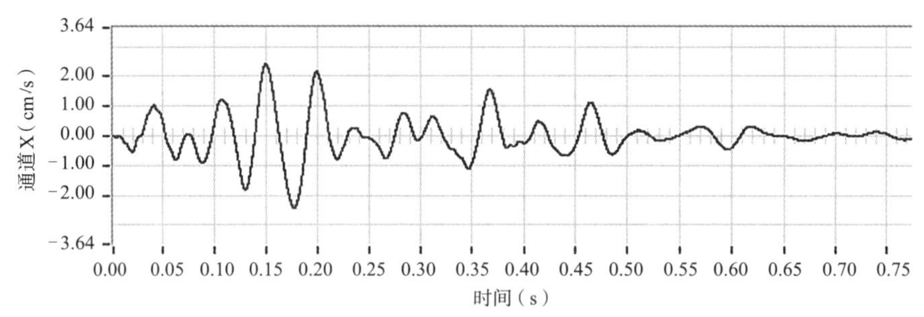

图27　测点峰值振动速度波形图

（3）研发了一种在混凝土及岩石表面快速营造生态的苔藓覆绿技术，快速恢复植被。从基质层、植被选择两方面入手，发明了一种苔藓专用定植胶，配合整块苔藓覆绿，可以同混凝土及岩石有效地连接，并提供植被生根必要的养分条件，解决了植被在混凝土基底以及岩石表面上成活的问题。植被选择生长速度快、抗寒能力强、适应暴晒、耐旱的物种，并且能够适宜其他高等植物的生长，同时能加快植物群落的演替，快速出景观效果（图28、图29）。

图28　区域苔藓覆绿

图29　岩壁苔藓覆绿效果

2）开发了百米深坑大落差混凝土高质量向下输送及防开裂控制技术

（1）通过不同落差、管径、坡度的混凝土管道溜送试验，开发了一套百米级深坑大落差下向输送混凝土溜管装置。该装置通过岩壁设置钢筋锚杆、焊接支撑角钢和钢爬梯、设计安装溜管管件、焊接进出口料斗等技术工艺，并通过喷水管保湿、主溜管末端设置缓冲装置及二次搅拌等措施保证混凝土输送的安全及入模前的质量稳定（图30～图32）。整个输送管道结构简单，设备造价及使用成本低。相比较传统泵送混凝土，溜管输送混凝土效率高，未出现传统泵送过程中堵管拆管的情况，施工过程节电、节水、噪声小，绿色环保。

图30 溜管沿岩壁布置

图31 溜管装置

图32 缓冲装置

（2）通过对不同等级混凝土溜送性能分析，提出了大落差溜送条件下高性能混凝土最优配合比，建立了“大落差溜送+二次搅拌+泵送”的深坑混凝土输送方法。研究了沿陡峭崖壁大落差溜送条件下高工作性高强混凝土配合比，普通基准配比对应的C60P10和C40P10混凝土初始状态良好，溜送后出现离析、骨浆分离现象，工作性能及后期力学性能均下降严重，无法满足工程要求。从粗骨料级配、外加剂、含气量、配合比及浇筑工艺等方面进行改善，研制开发了混凝土抗离析性与黏聚性检测装置，定量分析混凝土抗离析性能（图34～图35）。解决了大落差高性能混凝土输送容易堵管、爆管及离析大的问题，实现了百米深坑混凝土高质量快速输送。

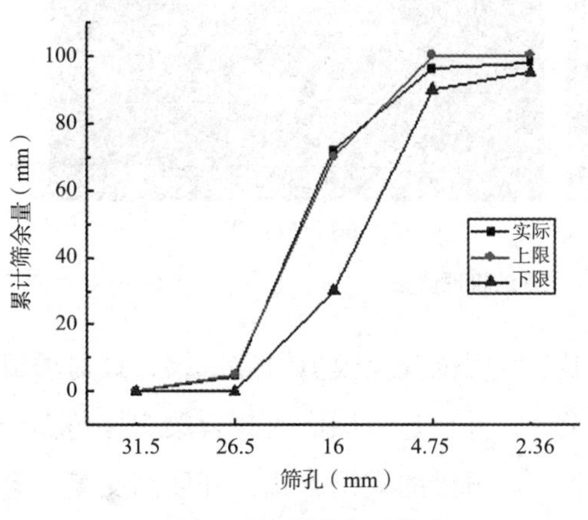

图33 碎石粒径级配优选

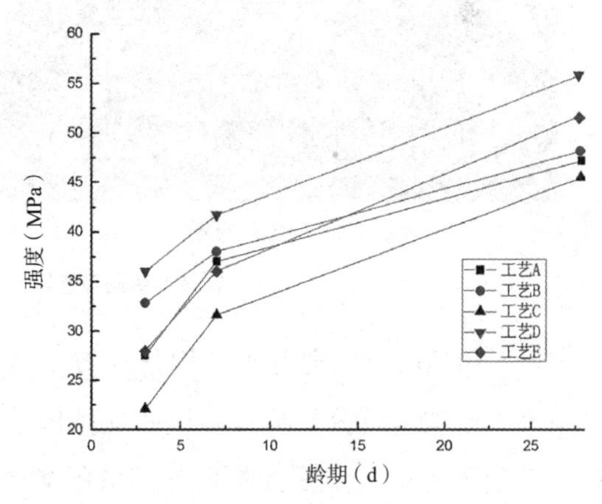

图34 水泥抗压龄期强度比较

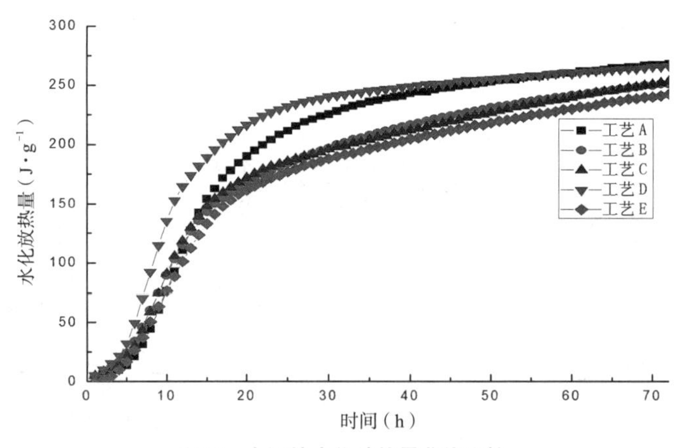

图35　水泥的水化放热量曲线比较

3）建立了考虑与结构共同作用的高大支撑体系设计理论与实践方法

（1）构建了施工期已浇筑的混凝土结构与支撑结构共同承载的理论，提出了考虑支撑结构与建筑结构共同作用的支撑体系设计方法，利用已完成的建筑结构层与支撑结构共同受力承担下一层混凝土的浇筑荷载，建立了混凝土梁分层叠合浇筑方法。对施工期混凝土结构与模板支撑相互作用的机理进行试验研究，分析施工周期、混凝土龄期、荷载等因素对模板支撑体系内力分布的影响规律以及施工期混凝土结构与模板支撑共同作用的受力特点，为项目高支模设计提供理论支撑（图36、图37）。

（a）应力片布置

（b）试验过程

图36　结构与支撑相互作用的机理试验

（2）利用施工期混凝土结构与模板支撑相互作用试验及模拟研究成果，针对项目60m高平台梁进行分层叠合浇筑的支撑体系设计，并通过分层浇筑叠合梁支撑仿真分析，确定了深坑巨型平台梁高支模采用格构柱+贝雷梁的支撑方式，开展高支模与叠合法结合应用的整体稳定性分析，通过不同加载方式影响机理分析，明确了支撑体系实施过程布置方式及混凝土梁叠合浇筑方法，解决了深矿坑内60m高重载大跨混凝

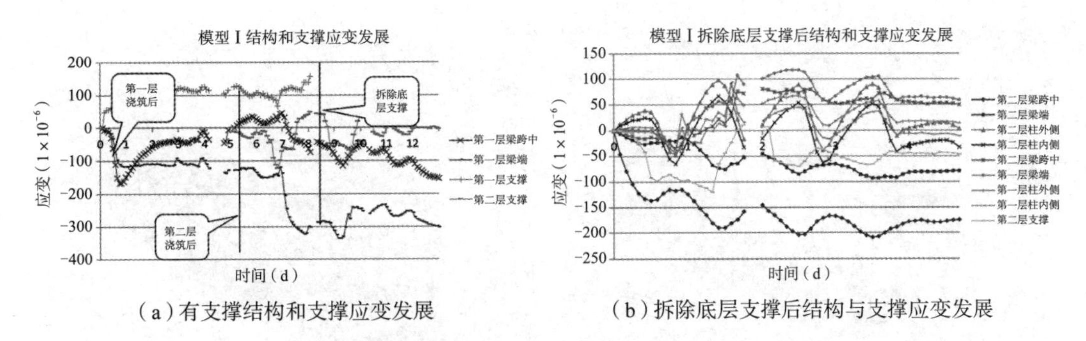

（a）有支撑结构和支撑应变发展　　（b）拆除底层支撑后结构与支撑应变发展

图37　施工期混凝土结构与模板支撑共同承载试验结果

土梁的高支模难题，保障了支撑体系安全性，节约了大量支撑结构材料，实现了经济建造的目的（图38）。

图38　格构柱+贝雷梁支撑体系

4）提出了深矿坑重型钢结构高精度背拉式液压提升方法

（1）提出了巨型钢桁架虚拟预拼装的高精度控制方法。矿坑屋盖重型钢结构桁架采用的原位拼装-液压提升的安装方法，基于项目的特殊环境，桁架杆件均为小分段运输至原位平台现场拼装成整体桁架，后液压提升安装。提升过程对桁架与两端牛腿对接的间隙要求在（30±5）mm范围内，间隙过大导致焊接宽度过宽也形成薄弱点，间隙过小导致桁架与牛腿冲突无法安装。拼装过程进行虚拟拼装，并对现场拼装的各杆件进行扫描，通过扫描数据建立坐标模型，与理论模型对比，及时发现并纠正偏差，保证了桁架拼装精度（图39、图40）。

（2）提出了矿坑重型钢桁架背拉式液压提升安装法，通过背拉式液压提升有效控制钢结构提升过程对支撑产生的侧向变形。具体原理为：在柱身另一侧施加荷载，与提升吊点一侧的提升荷载相互平衡，抵消支撑钢柱的单向变形。平衡荷载由钢柱另

(a)弦杆模拟拼装

(b)桁架整体模拟拼装完成

图39　钢结构桁架虚拟拼装

(a)弦杆现场拼装

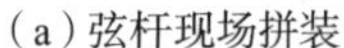

(b)桁架整体现场拼装完成

图40　钢结构桁架现场拼装

一侧上部吊点和下部柱脚对拉产生，即在与提升吊点对称的一侧反向背拉，产生与提升荷载平衡的荷载，保证钢柱受力均衡，减少水平位移达到60%，实现了重载大跨钢结构的高精度安装（图41）。

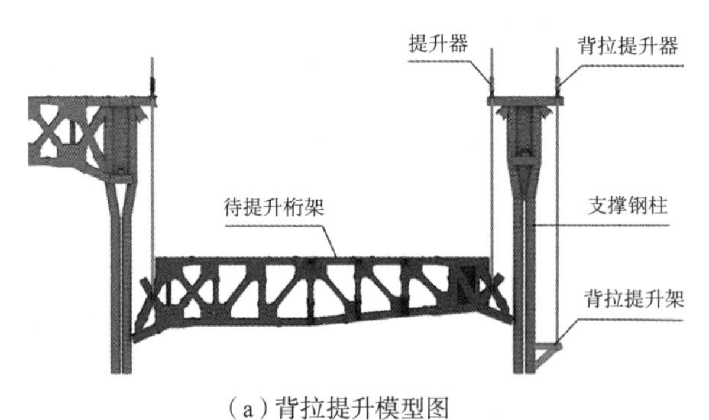

(a)背拉提升模型图

(b)背拉提升现场图

图41　钢结构桁架背拉式液压提升方法

3.2.3 创新了因势利导矿坑环境下“绿色低碳，节能环保”的运维方法

1）提出了利用深矿坑建造半地下空间室内滑雪场的节能方法

（1）提出了大型室内滑雪场利用天然矿坑岩壁进行保温的节能方法，并利用水区垂直叠加于雪区屋顶之上，成为天然隔热屏障。通过对室内滑雪场地负荷计算，以及地下、地上建筑能耗和制冷能耗分析比较研究，经现场数据监测后，得到全年的能耗地下建筑比地上建筑低7.87%左右，总体节约了大约23万kWh的电能，为地下空间建筑的节能设计提供依据（图42～图45）。

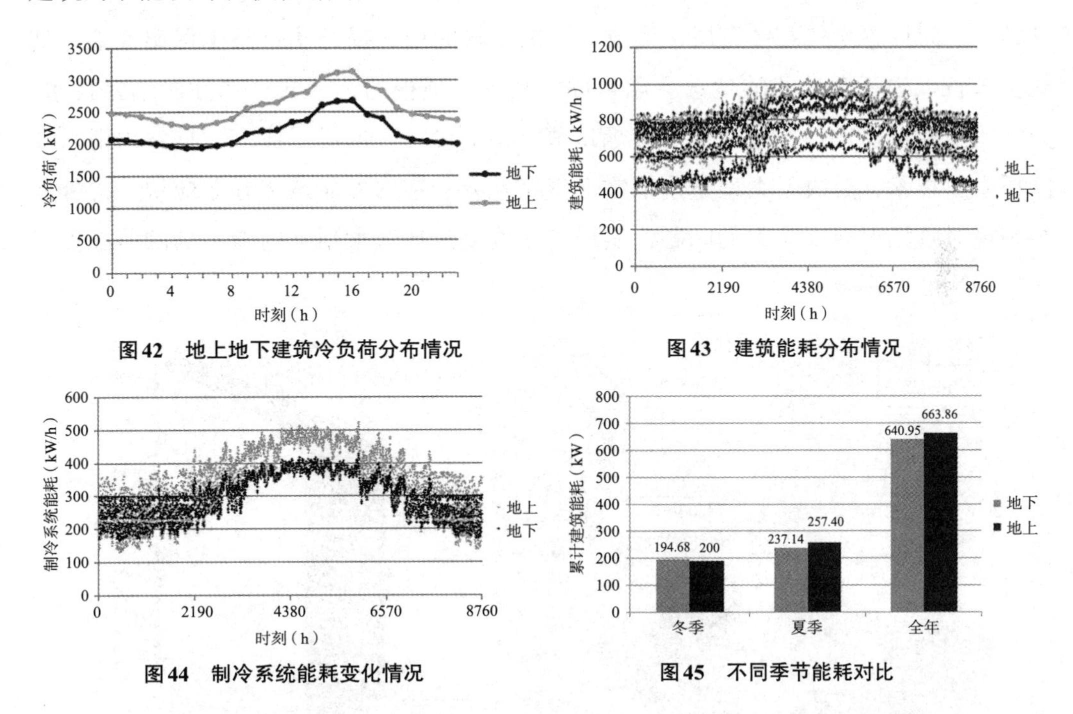

图42　地上地下建筑冷负荷分布情况

图43　建筑能耗分布情况

图44　制冷系统能耗变化情况

图45　不同季节能耗对比

（2）提出了利用矿坑天然优势减少太阳辐射的节能方法。考虑热辐射及散热面积对滑雪建筑节能的不利影响，采用体形系数小于0.1的椭圆形作为滑雪建筑形体；主体建筑呈半地下空间形态，利用崖壁保护建筑东、西、北三面免受太阳辐射，建筑周长655m，崖壁保护长度465m，占周长70%；设置高反射幕墙阻挡南向30%界面直射光线。加强自然通风，室内雪区顶部及侧面与岩壁之间有天然腔体，因势利导组织各单体建筑通风条件，降低围护结构表面温度，有效降低运营期间建筑能耗（图46、图47）。

2）研发了冬冷夏热地区大型室内滑雪场冷桥阻断技术

项目百万立方米冰雪空间保温采用高性能金属夹芯板材料，在保温材料与建筑围

图46　半地下空间日照分析

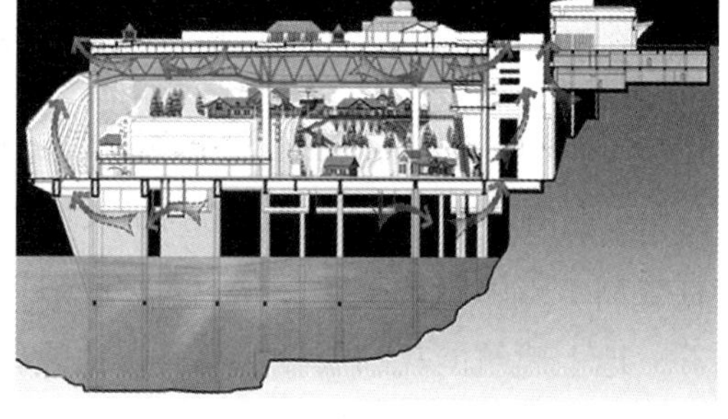

图47　矿坑建筑自然通风

护结构之间设置空气腔体夹层，形成天然的绝热间层，提升建筑整体保温性能。创新了超长保温板背栓式的免穿孔墙板固定技术、顶板的背涂式气密性防结露技术、无托梁空腔构造设计、缓冲式防排烟口节点构造设计，形成了成套大型室内滑雪场冷桥阻断技术，解决了大型室内滑雪场气密性差、室内外能量传导效应快、内外冷热环境对雪场保温影响大的问题，实现了冬冷夏热地区大型室内滑雪场的节能保温效果（图48、图49）。

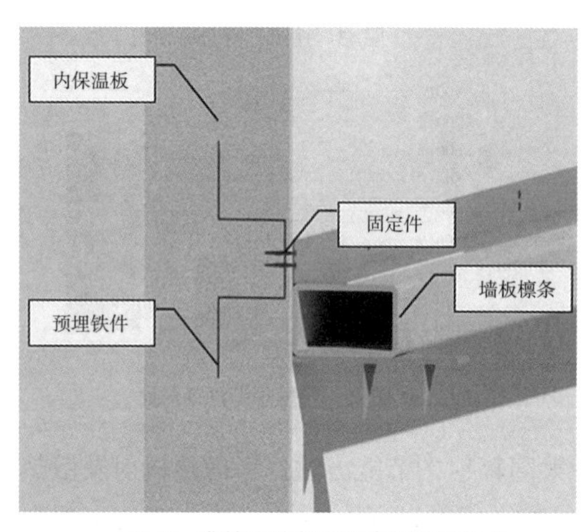

图48　背栓式的免穿孔墙板固定技术

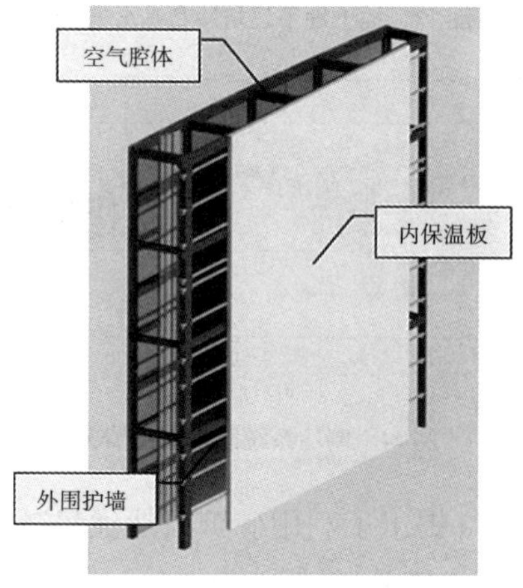

图49　无托梁空腔构造设计

3.3 质量管理创新

3.3.1 成立百米深坑创新工作室，攻坚克难，保质量

工作室按照“有领军人物、有创新团队、有攻关目标、有工作计划、有创新成果、有工作经费”的“六有标准”实施创建。围绕项目施工中的新技术、重点、难点、关键点开展QC活动攻关工作，组建中国建筑集团、工程局、公司三级技术质量

专家库，并聘请行业专家对项目重大方案及科技成果进行评审把关，项目先后组建百米深坑混凝土输送、超长锚索在复杂岩溶地质区一次成孔、超高大跨重载高支模体系、大型钢构背拉式液压提升等重大技术专家评审团，解决现场施工难题，为工程顺利实施提供强大技术支持，保证工程施工质量。

3.3.2 构建新的质量管理架构，实行总包与专业分包分离式管理

为有效对本工程的施工技术、质量、安全等方面进行控制，顺利实现预期制定的质量目标，项目管理实行总分包分离两层管理架构，总包单独设置各职能部门，土建项目部作为下游分包与其他专业共同作为分包层级（图50）。

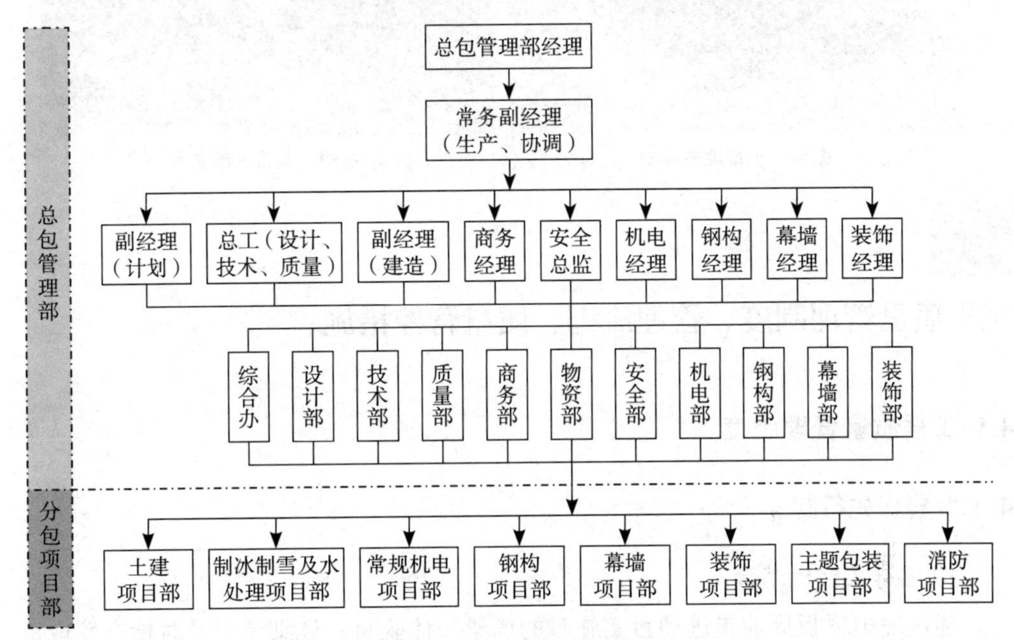

图50 总、分包分离管理架构

总包层面履行引导、管理、保障、监督、服务的职能，同时，明确总分包具体职责，制定《总承包管理办法》及奖惩细则。分包层面落实各自施工内容，制定质量创优目标。

3.3.3 运用BIM正向设计，设计与施工紧密结合，保质保量

采用全息数字模拟模型，优化空间布局，指导方案设计以及选型。华东建筑设计研究院有限公司利用丰富的设计经验，通过三维扫描仪构建三维数据模型，提供初步设计图纸。中国建筑第五工程局充分发挥其雄厚的技术，利用测量机器人通过岩

壁上原位放样，将测量临界数据及草画简图及时反馈给设计院进行设计微调（图51、图52）。最终把岩壁区直立结构柱优化成顺着陡峭岩壁走向的斜柱，减少岩壁开挖及扰动。通过锚杆、锚索钻孔角度优化，避开竖向工程桩，解决结构靠岩壁边缘构件与岩壁碰撞、岩壁边坡加固侧向锚杆、锚索与地库竖向工程桩碰撞的问题，避免工程实体及岩壁边坡破坏，确保工程质量。

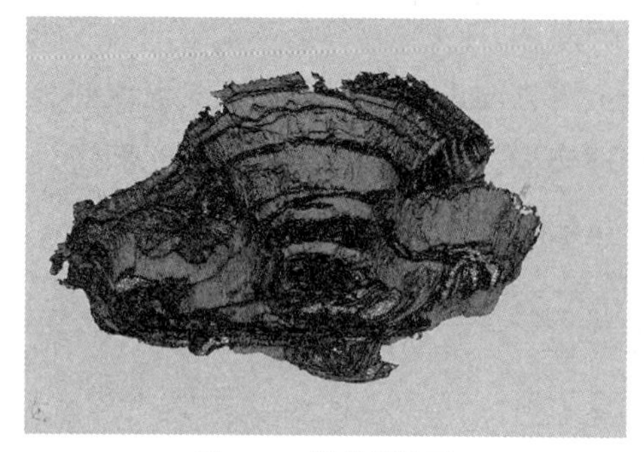

图51　三维地质模型

图52　实景三维模型

工程质量管理制度、管理流程、质量管控措施

4.1 工程质量管理制度

4.1.1 样板先行制

1）虚、实样板结合

通过虚拟样板提前走进项目实施时的场景，体验每一处细节，及时检查发现每一处不合理之处，使设计部提前开展优化整合工作（图53、图54）。

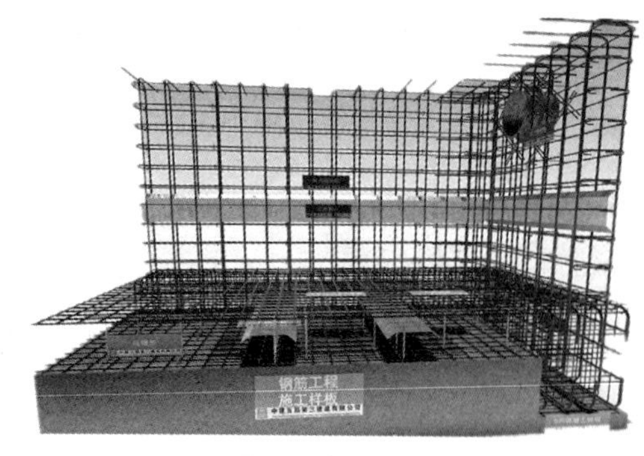

图53　虚拟样板

图54　实体样板

对于那些虚拟样板不能完全体现出完工后真实外观质量效果的情况，通过制作实体样板进行体现，对作业工人围绕现场实体样板每道工艺进行详细交底，明确需要达到实体样板最终质量效果，各方履行交底签字手续。

2）样板分类

工程样板主要分为物料样板、实体样板两大类，各类样板再根据功能划分为若干小类。

（1）物料样板：对于项目所使用的物料在设计和招采阶段进行确认和封样，并履行移交手续，移交后由项目部封样存放于项目部样品室中，作为物料进货验收和工程验收的重要依据，避免进场材料不符合要求或误用。

（2）实体一级样板：边坡支护样板、标准层交付（含移交）样板、公区装饰样板（电梯前室、走廊、楼梯间、管井等）、屋面样板、地下室装饰样板（地坪、墙面、顶板装饰）、外立面装饰样板、机电综合管线布置样板、功能房移交样板等。

（3）实体二级样板：标准层主体样板、标准层砌体样板、防水样板（底板、外墙、顶板、屋面）等。

（4）实体三级样板：桩基、垫层、砖胎膜、钢筋、模板、抹灰、保温、栏杆等除实体一级、二级样板以外的其他样板。

3）样板实施

项目经理为样板实施第一责任人，生产经理、机电经理是直接责任人，对样板完成度和及时性负责，技术经理为交底、固化责任人，对样板实施质量负责。

4）样板讲解

项目需以验收通过的样板为基础，由专业单位项目经理组织项目工程部、技术部、质量部、安全部、商务部所有成员（包括项目班子）按固化作业指导书进行现场样板讲解，并录制高清讲解视频，择取质量较高视频用作对外技术交底。

4.1.2 首件验收制

（1）首件验收制度是对工程质量管理程序的进一步完善和加强，旨在以首件样本的标准在分项工程每一个检验批的施工过程中得以推广，认真落实质量控制程序，实现工序检查和中间验收标准化，统一操作规范和工作原则，从而推动工程整体质量水平的提高。

（2）本项目需要进行首件验收的项目主要包括（不限于）：钻孔灌注桩、模筑混凝土、钢支撑加工及安装、防水工程、喷射混凝土、主体结构钢筋、模板安装、脚手架、混凝土浇筑、混凝土冠梁、基底处理、预埋工程等。

4.1.3 关键工序举牌验收

为进一步提升项目实体品质，严肃质量验收程序，确保过程工序质量，实现质量管理过程可视化、可追溯。针对项目施工过程中的关键工序及重要部位，需相关人员举牌验收并留存影像资料。

（1）项目部验收人员或旁站人员负责拍摄，资料员将照片打印，随隐蔽资料进行集中存档备查，同时将举牌验收照片上传到网盘或者云盘备份，以防丢失。项目竣工后该资料必须随工程资料交公司技术质量部档案室。

（2）工程开工后，项目技术部对本工程进行全面分析，结合施工总进度计划，编制项目部关键工序举牌验收计划，并对项目管理人员及劳务分包进行书面交底。

（3）项目班子例行或专项检查时，对项目关键工序举牌验收资料的及时性、真实性、有效性、完整性进行检查。

（4）举牌验收通过的工序，后续产生质量损失或事故的，验收负责人承担直接管理责任。

4.1.4 实测实量管理制

1）目的

（1）根据实际情况，推行劳务每月评比制度，依据工程实施阶段、范围等具体内容，制定详细的每月评比制度，明确各项目的质量评比要求及细则，推行奖优罚劣，以先进促后进。将实测实量工作纳入项目统一管理，作为劳务月度结算单价挂钩的依据。

（2）规范并统一项目实测实量的操作方法，减少人工操作造成的结果偏差，同时公开公平公正地考核项目各劳务质量水平。

（3）通过定期实测实量，识别工程质量高风险点，跟踪和落实工程质量风险管理措施以消除工程质量隐患。

（4）判断项目工程质量管理现状，提出更具针对性的提升和改进管理要求，从而达到提高工程质量稳定性以及精细化工程质量管理的目标。

2）范围

（1）涉及的工程实测实量内容包括四个子分部工程：混凝土结构、砌体结构、抹灰工程、楼地面工程。

(2) 每月进行实测实量的项目为：所有在施实体涉及“混凝土、砌体、抹灰、楼地面”的工程，“机电、钢结构、精装修、防水、保温”等工程。

(3) 实测阶段为工程基础开工至工程交付全过程。

3) 管理分工和实施

(1) 项目总包技术质量部负责实测实量的直接管理。

(2) 实测实量小组：由项目总包技术质量部牵头组织，从项目部抽调骨干人员组成实测实量小组，每月对项目实体工程进行实测实量。

(3) 实测实量时间：总包项目部根据每月劳务任务书开具时间来确定实测实量时间，从而确定固定的测量周期。

(4) 现场测量点的选取和合格率计算。专业分包项目部提前准备实测区域的图纸和检测工。

(5) 实测抽查比率。

分包单位提前确定各劳务当月完成实体工程内容（开具任务书范围）。

实测小组对不同劳务不同分部分项工程按当月工程量20%（且不少于一层楼）的比率进行实测实量随机抽查。

实测小组最终通过计算得出“各劳务班组不同分部工程”的质量实测合格率，作为各劳务班组不同分部分项工程当月结算单价比率调整的依据。

实测小组进行实测实量过程中，总包及分包技术总工、施工员、质检员与劳务质量负责人必须共同参与，并且在实测结果上确认签字。

4) 劳务实测考核评价

(1) 根据项目劳务合同相关条款规定，项目部每月实测结果与相应部位劳务单价挂钩，具体见表1。

表1

分部分项工程实测合格率	单价比例
≥90%	100%
90%＞合格率≥85%	98%
85%＞合格率≥80%	96%
＜80%	无条件返工至实测合格率大于80%

(2) 劳务单价调整在当期劳务结算中兑现。

4.1.5 建立质量周例会和每月质量讲评制度

1）质量周例会

总包每周的质量例会可与项目周例会套开。质量总监在例会上要以简要的PPT格式对上周的工程质量作动态总结，指出施工中存在的质量问题以及解决这些问题的措施。每次会议做会议纪要，分发与会者，作为下周例会检查执行情况的依据。参加人员为总包、分包主要管理人员和劳务班组长等。

2）每月质量讲评制度

总包每月开展质量检查讲评会，由总包技术总工和生产经理组织，项目的主要管理人员参加。质量总监编写本月施工质量总结报告，《月度质量管理情况简报》采用PPT格式。简报中对质量月评（组织劳务每月评比的必须每月公示）的班组或劳务公司等按合同予以奖罚。需整改的部位明确整改日期、整改方案，并在后续质量例会逐项检查是否彻底解决。

4.2 工程质量管理流程

1）工序验收质量控制流程图（图55）

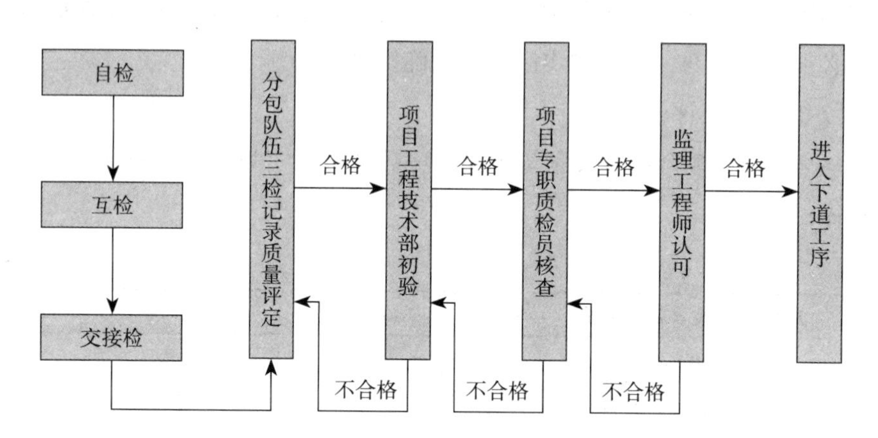

图55 工序验收质量控制流程图

2）分项工程验收质量控制流程图（图56）

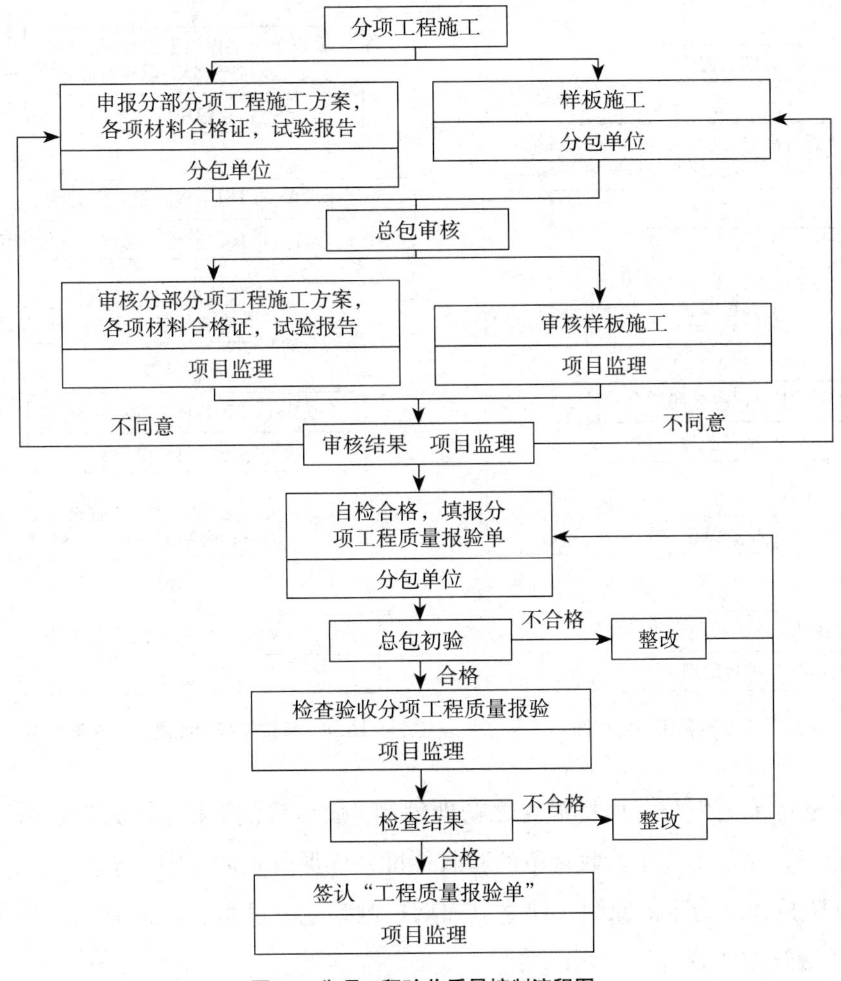

图56 分项工程验收质量控制流程图

3）分部工程质量控制流程图（图57）

4）单位工程验收质量控制流程图（图58）

4.3 工程质量管控措施

（1）建立了以建设单位为主导，设计、监理、勘察、总包、各参建单位共同参与的质量管理体系，组建专业齐全、精干高效的项目管理团队。

（2）工程以质量为中心。采用ISO 9001《质量管理和质量保证》系列标准，建立工程质量保证体系。

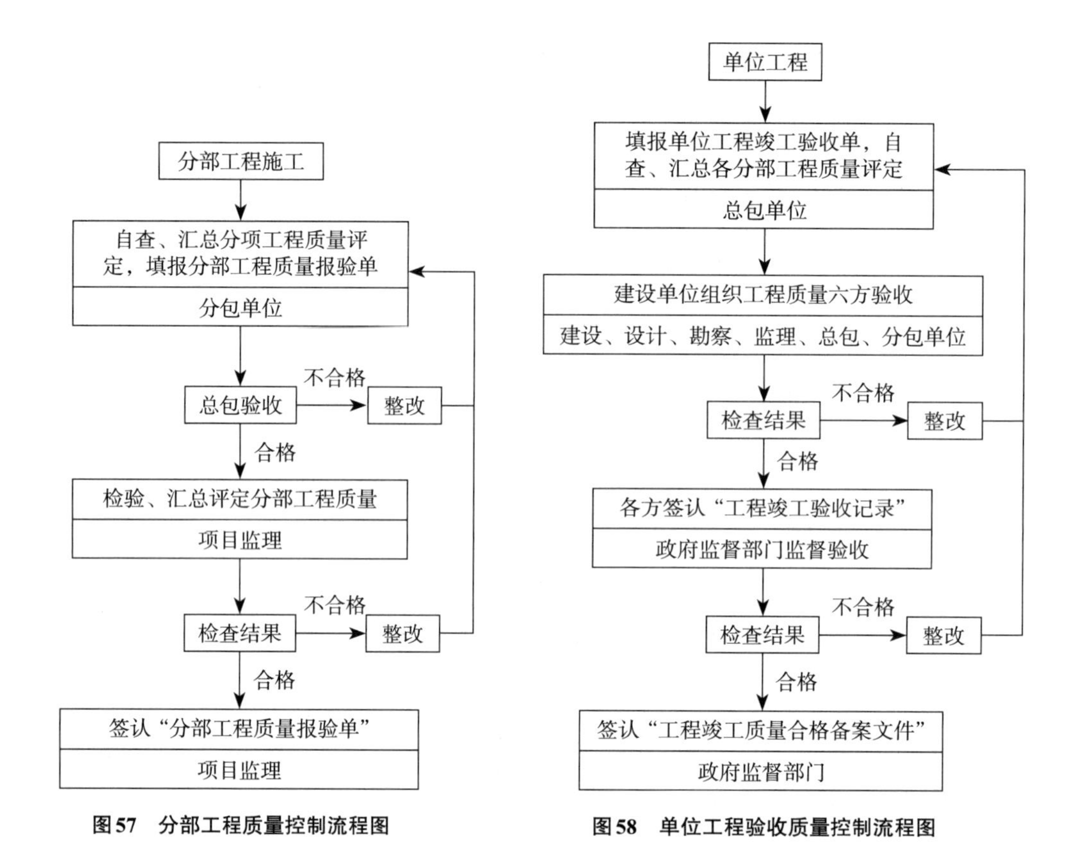

图57　分部工程质量控制流程图

图58　单位工程验收质量控制流程图

（3）坚持策划先行，项目成立之初即编制《质量策划》和《创优策划书》用于指导工程施工，制定了高于验收规范的验收标准，确保争先创优中出彩。

（4）坚持预防为主的原则，建立以前期控制为主、过程控制为辅、后期分析总结的现场质量管控体系。

（5）严格控制原材质量，按要求见证取样，不合格材料均不得进场使用。

（6）落实交底制度，施工前，进行含安全操作规程、施工工艺、工程施工图纸要求、施工验收规范要求等内容的技术交底。

（7）严格执行样板引路制度，分项工程施工前，先做好样板，经创优小组检查合格后，报公司科技质量验收评定，符合国优质量要求后方可大面积施工。

（8）严格执行“三检”制度，做到层层把关，把所有的不合格项消灭在下道工序开始前，确保过程受控。

（9）建立项目质量管理例会制度，对每月的施工质量管理工作进行总结、评比，奖罚分明。通过例会使施工全过程中的质量管理工作更具体化、更系统化，使各班组、各专业、各管理部门有机协调。

5

工程绿色、节能、环保措施

高效利用地形、地貌，提高土地及空间利用率，节约用地270亩。

矿坑距离湘江最近处800m，坑内有天然岩壁裂隙水。从保护矿坑自然水体及生态环境出发，保留坑壁多处天然渗水点，增设集水槽、水泵及水处理机房，渗水经收集并处理达标后用于坑底补水、工艺补水及冷却塔补水等。利用市政中水管网，用于室外绿化浇灌、水景补水、地下车库及总体道路地面冲洗等（图59、图60）。

图59　矿坑与湘江现状关系

图60　天然渗水回收利用示意图

采用被动式节能等一系列保温节点及措施节约能源消耗，主体建筑呈半地下空间形态，利用崖壁保护建筑三面免受太阳辐射，崖壁保护长度占建筑周长的70%。高反射幕墙阻挡南向30%界面直射光线。室内雪区顶部及侧面与岩壁之间有天然腔体，因势利导组织各单体建筑通风条件，降低围护结构表面温度（图61、图62）。

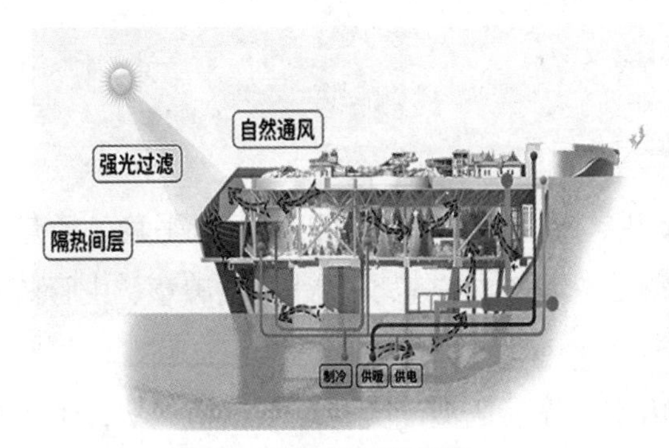

图61　矿坑通风设计示意

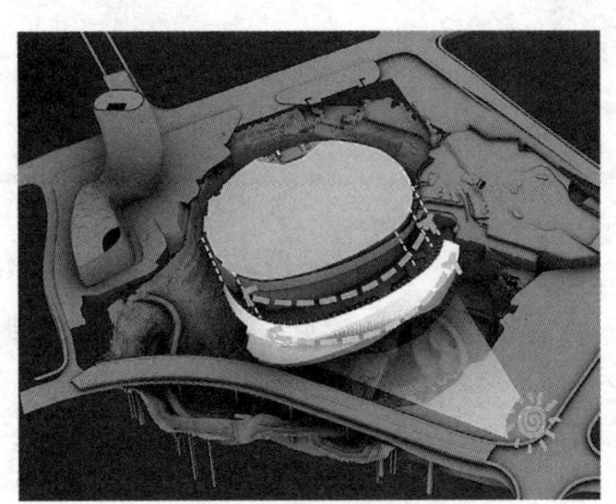

图62　日照分析

通过装配式临建设施、小钢模、大跨钢筋桁架楼承板免支模架等技术，增加材料周转次数，降低材料损耗（图63、图64）。

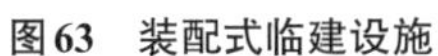

图63 装配式临建设施

图64 小钢模

通过深坑间接附着垂直运输技术、浮动式水泵平台排水技术、基于GPRS远程控制照明等技术节约人力资源，提高施工效率（图65、图66）。

图65 浮动式水泵平台排水技术

图66 GPRS远程控制照明

通过了住房和城乡建设部绿色施工科技示范工程，湖南省建筑施工安全生产标准化工地验收，湖南省二星级绿色建筑设计标识。现场绿色施工受到了各方一致好评。

6 工程实体质量水平

本项目工程自竣工后经过两年的使用，结构安全可靠，机电运行平稳，质量上乘。真正做到了游客满意、运营单位满意、建设单位满意、设计单位满意、主管监督部门满意。

（1）大截面混凝土梁柱尺寸准确、内实外光、成型优美；巨型钢桁架构件加工精准，安装准确，焊缝均匀饱满（图67、图68）。

（2）立体彩绘与假山相互映衬，形象逼真（图69、图70）。

（3）异形穿孔铝单板幕墙弧度流畅，光影穿透效果极富感染力（图71、图72）。

图67　大截面混凝土梁柱

图68　巨型钢桁架构件

图69　立体彩绘与假山

图70　假山

图71　异形穿孔铝板幕墙

图72　光影穿透效果

（4）地下车库表面精平、无空无裂，分色鲜明，智能引导、分流有序（图73）。

图73　地下车库

（5）雪乐园保温板拼缝严密平顺，灯具、冷风及造雪设备安装安全牢固（图74、图75）。

图74 吊顶完成效果

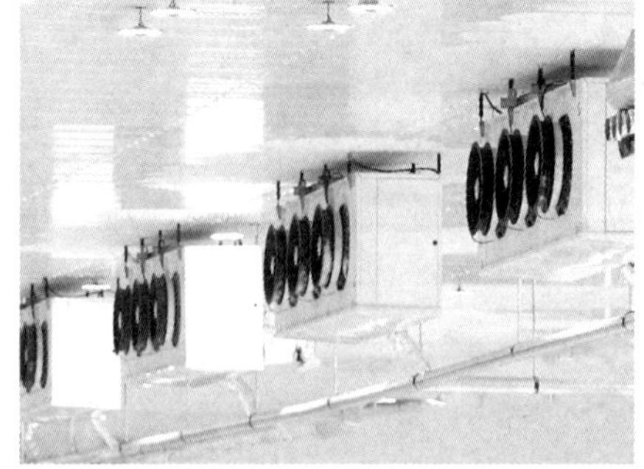

图75 灯具设备安装效果

（6）机房装配式建造，一次成型，安装牢固，减振降噪效果优良（图76）。

图76 矿坑机房

（7）矿坑水处理系统运行稳定，管道连接严密，标识流向正确（图77）。

图77 矿坑水系统

（8）设备及管道保温严紧密实，拼缝整齐美观，保护壳精美（图78）。

图78　设备及管道保温

（9）变压器、高低压配电柜运行平稳，供电可靠（图79）。

图79　变电所

（10）矿坑分区修复，岩壁快速覆绿，绿植层次分明（图80）。

图80　矿坑修复前后对比（一）

图80　矿坑修复前后对比（二）

项目综合效益

工程累计获得中国优质工程金奖、中国钢结构金奖杰出工程大奖、中国安装工程优质奖、湖南建设工程芙蓉奖等省部级荣誉十余项。

中央电视台以绿色发展、科技霸蛮为主题多次对项目进行深度报道。央视科教频道《创新进行时》栏目，全面报道项目科技创新成果。

项目的建成，带动了周边经济蓬勃发展，产生经济效益超10亿元，创造直接就业岗位3000个，间接就业2万个。

“城市深废矿坑生态修复技术”通过理论分析、试验研究、数值模拟和工程应用的工作，高效解决了大型公共建筑工程，尤其是废弃坑矿上的大型公共建筑建造的关键问题，为废弃坑矿的再利用和部分民用、公共建筑向地下延伸的工程节省地上空间资源提供一个成功典型案例。

该工程不仅是老工业基地向绿色新城转化的代表作，也是推动城市功能完善、助力城市品质提升、带动城市产业升级的典范项目。

项目坚持以人民为中心，不断实现人民对美好生活的向往，在“两山理论”“双碳”目标的指引下，打造城市更新高质量发展的生态和谐建设新典范，具有良好的带动性、引领性和示范性。

创新引领　精心精品　为行业树立样板典范

——山西省安装集团股份有限公司古交兴能电厂至太原供热主管线及中继能源站工程

1 工程概况

太古供热项目（古交兴能电厂至太原供热主管线及中继能源站工程）是目前国内首个投运规模最大的长输供热项目，是山西省2014年重点建设项目，属重大民生工程。该项目以古交兴能电厂乏汽余热为热源，敷设4根直径1.4m的主干管网，途经古交市、从隧道穿越西山山区至太原市区进入中继能源站，全长37.8km，高差180m，建设1座首站、3座中继泵站和1座中继能源站，开通3条穿山专用隧道15.4km，架设钢桁架管廊1.26km（图1）。承担太原市区供热面积7600万m^2，占太原市总供热面积的1/3。

图1　项目平面图

本项目2014年2月获山西省发改委核准批复，2014年3月开工建设，2016年11月建成并投入运行，于2018年7月通过竣工验收。

2 工程设计特点

2.1 大温差长输供热技术

本工程通过构建全面降低热网回水温度方法和研制多种大温差关键设备，突破传统二级热网系统构架，构建出以中继能源站和分散能源站衔接长输管线、市区热网、庭院管网的三级大温差热网系统，首次将大温差技术全面应用于太原市集中供热，将供热管线的供回水温差由传统的60℃提升至100℃以上，使热网输送能力相对于传统热网提高50%(图2)。

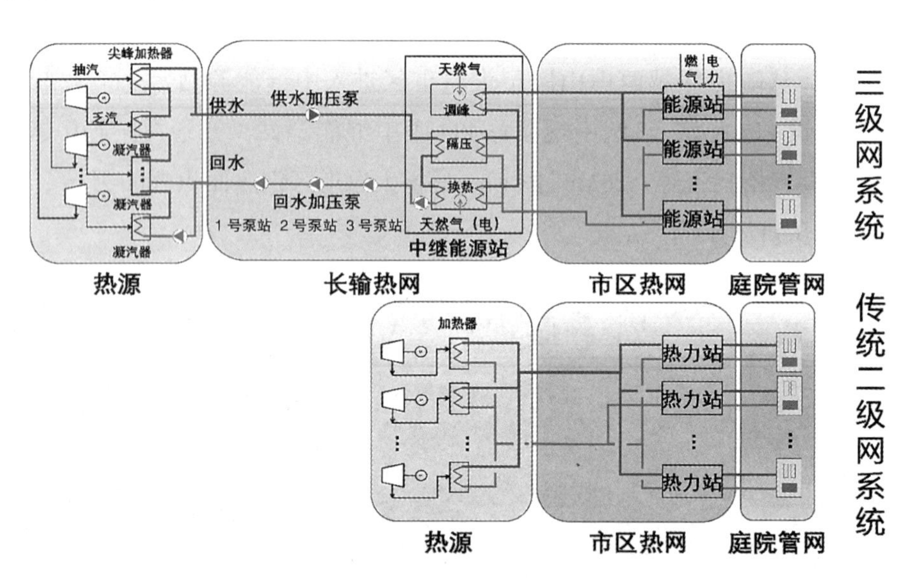

图2 三级大温差热网与常规热网系统对比

2.2 长距离高落差大直径供热管道多级循环泵串联输送技术

太古供热项目长输管线长37.8km，最大高差180m，输送流量为30000m^3/h(两供两回)。管道沿程阻力与高差之和超过500m，本工程打破常规设计思路，采用了多级泵串联长输热网系统。建设了3座中继泵站和1座中继能源站，设置了1级供水加压和5级回水加压，构建了6级泵循环加压工艺，使太古供热工程仅用单级隔压、长输网压力等级2.5MPa就满足了复杂水力条件下的热网循环水安全经济输送，避免了多级隔压带来的回水温度升高及投资增加问题（图3）。

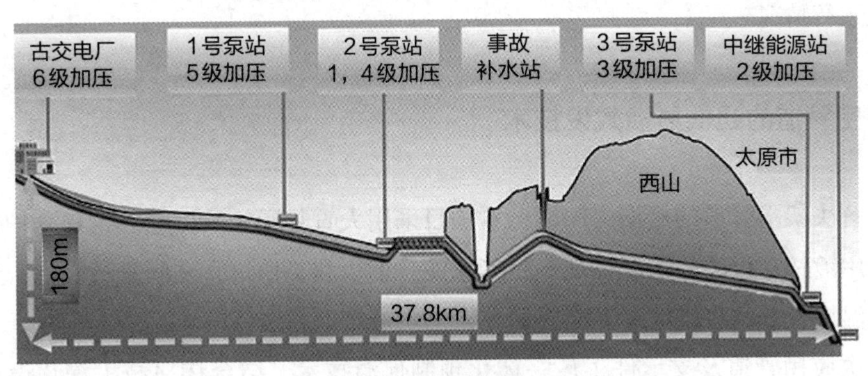

图3　六级泵组串联系统

2.3 大直径供热管道专用隧道集成技术

本项目为穿越西山山区实施了15.4km、4 × DN1400超长大直径供热管线专用隧道集成技术，项目内共包含3段隧道，其中3号隧道长约11.4km，是国内最长的供热管道专用穿山隧道。

（1）设计了新型双层补偿器，综合了波纹补偿器高承压、高密封性和套筒补偿器可维修性的优势，解决了隧道内管道补偿的安全性问题。

（2）采用热力管道与隧道相结合的整体受力分析方法，提出等轴心受力构件支撑、隧道加强二衬及锚杆传力工艺，解决了7500kN主固定支架结构受力并将其水平剪力、弯矩有效传递至隧道岩体的难题。

（3）针对弧形隧道，创新设计了侧向大推力导向支架，解决了弧形隧道内热力管道侧向变形和稳定性技术难题，保证管道在运行中处于安全可控的状态。

2.4 长距离、大高差供热系统安全保障技术

首创长距离、大高差供热系统成套安全保障技术。针对系统超压和汽化问题，采用供热首站和中继能源站整体旁通工艺，解决事故停泵工况下供热首站和局部高点汽化问题；采用高点补水定压工艺，设置伺服补水系统，高点失压时快速补水，消除

高点管道汽化。针对热网补泄水问题，设计单点定压，各级泵站联动补泄水系统，配合大容量储水、泄水池，显著提升热网补泄水能力，解决长输热网水容量大（24万m^3）、事故补水量大（大于600t/h）、温升膨胀水量大（约4000m^3）的难题。针对供热管线监测和快速检修难题，在供热行业首次引入隧道内热力管道泄漏监测系统，实时监测供热管道运行情况。

2.5 架空管道的超低热损敷设技术

为解决架空管道的热损失问题，本项目采用大直径螺旋咬口镀锌钢板外护保温技术，利用镀锌钢板的高强度实现聚氨酯在镀锌钢板和工作钢管之间进行发泡，形成高质量保温层，首次将发泡聚氨酯应用在架空供热管道系统。

首次应用管道及支承件工厂一体化预制保温技术，结合BIM技术深化设计，合理分段，通过聚氨酯整体发泡保温，并用聚氨酯填充支架空隙，降低管道支座热桥效应，解决了热网水长距离输送导致的热损失和输送温降问题，实现了全程37.8km温降仅1℃的保温效果。

2.6 超大型隔压站换热流程优化设计

针对本项目换热温度100℃的大温差和5℃的小端差，3488MW大换热规模的苛刻换热工况，研发出隔压换热站单元式换热流程优化技术。首次采用大型板式换热器3级串联，组成1个换热单元，3个换热单元组成一个换热阵列，共设置10个换热阵列的换热器分布，并根据大型板换阵列式布置特点，优化水力系统配置，在不增加换热器面积的条件下换热效果最大化，使得隔压站换热端差小于5℃。

2.7 大直径供热管道无补偿直埋设计

本工程直埋敷设4×DN1400供热管道20.1km，其中回水管道采用冷安装无补偿设计，供水管道采用电预热无补偿设计，由两根供水管道构成预热回路。供回水管道均不设置永久性补偿器，减少直埋管道薄弱环节。针对大直径热力管道预热直埋敷设，首次提出了二次电预热结合一次性补偿器间歇焊接工艺，解决了管道降温回缩焊接应力消除及多焊缝同时快速焊接难题，进一步提高长输管道安全性。与有补偿设计相比，可减少永久性补偿器150个；与冷安装设计相比，可减小管道壁厚2～4mm，大幅节约工程建设成本。

2.8 多级串联、梯级加热供热技术

首次采用以37.8km以外电厂乏汽为热源的多级串联、梯级加热的供热方案，利用《空冷机组乏汽余热多级串联供热系统》和《充分利用电厂余热的梯级加热供热系统》两项专利技术，最大能力利用机组乏汽供热，减少抽汽供热，且由于最后一级为70kPa·a超高背压供热，循环水出口温度接近90℃，使整个供暖季乏汽供热占比到达80%以上，供热经济性大大提高，使本工程成为目前全国最大的余热梯级利用项目，其总体供热流程如图4所示。

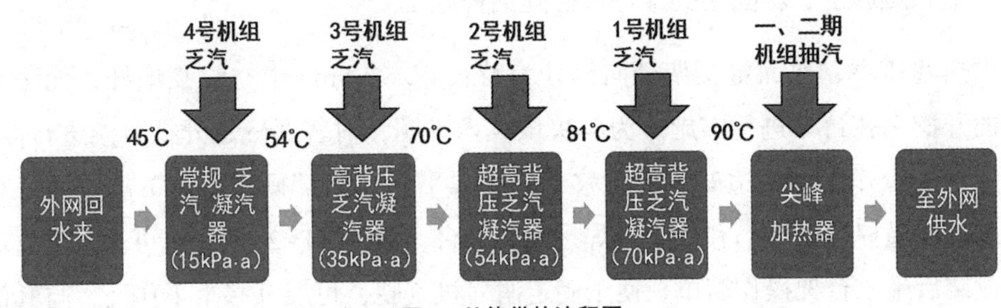

图4 总体供热流程图

3 工程建设难点和技术创新、质量管理创新

3.1 工程建设难点

3.1.1 经济性

该工程供热半径超过70km，远远超过了20km的行业共识。长距离带来的管网投资大、输送电耗高、散热损失大等问题，严重制约工程经济性，此问题不解决就贸然上马，将给政府和太原百姓造成沉重的经济负担。

3.1.2 安全性

长输管线口径大、距离长、水温高(供水温度130℃)、压力高(实际运行

2.3MPa)、高差大（全网高差260m，其中兴能电厂至中继能源站高差180m），如何保证所有工况不超压、不汽化，特别是避免所有可能事故工况的水击破坏，无疑是最严重的挑战之一。

3.1.3 复杂地形地貌下的设计、施工难度极大

长输管线六次穿越汾河、两次穿过铁路、三次跨越高速公路、两次穿过引黄管线，还需穿越西山，几乎囊括了目前热力管线所有高难度敷设，在全国供热史上史无前例，如何短时间、高质量完成建设，是该工程面临的巨大挑战。

3.2 技术创新

3.2.1 供热隧道主、次固定支架特长径向锚杆施工

供热隧道主、次固定支架径向设计为特长（L=7.5m）中空注浆锚杆，无法利用传统的开挖钻孔台车进行实施。为解决该技术难题，对普通隧道开挖台架进行改装，将台架顶部操作平台两边改装成可移动式操作平台；顶部操作平台下部按照行车净空高度，在横撑位置钢筋和钢管处焊接操作平台，保证YT-28凿岩机可垂直于岩面施工；改装后施工台架操作简单，便于固定凿岩机气腿，可展开多个工作面，与其他工序干扰较小，大大提高了工作效率，保证了施工质量和施工进度，降低了施工成本。

3.2.2 陡坡斜井施工技术

因斜井地质条件复杂且坡度陡，采取有轨（三轨道）运输组织，以大功率矿井提升机作为施工提升装备，其主要技术创新点为：

（1）L形洞口卸渣台，成功解决了陡坡斜井三轨同时运行的干扰难题，确保了各个工序间的有序衔接。

（2）选择专用设计的轨式混凝土运输罐车运送混凝土，通过“之”字形施工定位线，配合简易模板、人工导流等措施，成功解决了陡坡（-46.6%）斜井仰拱混凝土浇筑溢流、离析，浇筑不密实，标高控制不准确等技术问题。

（3）采用分部开挖、临时桁架支撑锁口、吊梁锚杆等综合施工技术，有效解决了斜井井底三个方向互通挑顶施工的技术难题。

3.2.3 双头轨道运输车

太古供热穿山隧道内沿南北两侧架空敷设了4根DN1400供热管道，由于隧道距离长、落差大且空间狭窄，DN1400管道单根长度12.5m，预制保温管重量近10t，在隧道内无法使用常规运输和吊装机械进行管道运输和吊装作业。项目团队研制成功首台双头轨道运输车，轨道车分前车、后车两部分，中间用销轴连接，轨道车两端分别设有2个独立的驾驶室，用于轨道车前进和后退操作。双头轨道运输车专门用于隧道内大直径供热管道的运输和布管，极大提高了隧道内供热管道的施工效率。

3.2.4 供热管道“纤维素根焊＋药芯半自动填充盖面向下焊”焊接技术

太古供热隧道内供热管道总长约61km，焊接工作量大，由于隧道内外存在气压差，隧道内气体流速较快，极易影响焊接质量。

经过工程技术人员的探索与研究，首次在供热管道焊接中应用“纤维素根焊＋药芯半自动填充盖面向下焊”焊接技术，采用纤维素焊条手工电弧向下焊进行根焊，用自保护药芯焊丝半自动焊进行填充和盖面。从管道上顶部引弧，自上而下进行全位置焊接，该方法焊接速度快、焊缝成形美观、焊接质量好，同时可有效降低工人的劳动强度。

3.2.5 供热管道无应力配管施工技术

本工程管道直径较大，管壁较厚，管道焊接时不可避免产生较大的焊接应力，公司结合工程实践，总结形成了供热管道无应力配管技术。先将设备接口配对法兰用螺栓连接，以保证法兰接触面的闭合，配对法兰紧固到设备法兰上后，再与管件和管道组合件点焊，以防止焊接过程中产生应力变形。充分利用管道的水平和垂直转向点、分支点，调整本配管与设备进、出口位置的轴线方向偏差。利用管道组合件、法兰短管，调节法兰与设备的径向偏差。配管的固定焊口应尽量靠近系统管道，远离设备，最大幅度减少焊接应力对设备的影响。

3.2.6 阀门小室装配化施工技术

针对热力阀门小室工期紧、任务重的特点，项目技术人员经过刻苦攻关，创新提出阀门小室装配化施工技术。该技术解决了阀门小室施工中土建与安装专业交叉作业相互影响大的难题，实现了土建和安装同步施工，消除了混凝土浇筑过程中预留孔洞位置难以控制的缺陷，减少了管道固定焊口数量，保证了工程质量，并大幅压缩了施工周期，相比较传统施工工艺可大幅度缩短工期30%以上。

3.3 质量管理创新

3.3.1 建设单位质量管理创新

工程建设之初，建设单位明确提出了“铸造经典工程，争创国优金奖”目标，制定了创优计划，形成了“六位一体”管控体系，创新构建的“两个到位多方协同”质量管控模式，贯穿到设计、施工、监理全过程，过程中创新实施了“五强化”质量管控，确保了工程质量。一是强化了高水平建设管理与专家团队的组织保障；二是强化了30余项工程建设管理规章制度的严格执行；三是强化了科技成果及创新技术应用的引领支撑；四是强化了工作交底定量化、内业外业流程化、管理细节标准化、建设运营信息化；五是强化了安全保障，认真落实安全生产管理责任制。

3.3.2 设计单位质量管理创新

太古长输供热工程属设计单位A级重点项目，项目负责人在编制设计项目质量计划前，必须在公司总工程师和专业院院长指导下，与有关专业人员共同商定质量目标、所需过程和资源，在此基础上，由项目负责人编制设计项目质量计划，提交院专家组，经专家组审批核定后方能开展设计工作。

在本项目的设计过程中，QC小组对质量管理起到了重要作用。QC小组成员在本项目苛刻的技术条件和无前例可循的严峻挑战下，充分发挥了年轻人思想活跃、敢打敢拼的作风，开拓思路，举一反三研讨工程方案，搜寻其他行业类似工程经验，对最终的工程方案制定起到了巨大的推动作用。

由于本工程的热力水系统复杂且无先例可循，为确保系统安全可靠，除采用不同仿真软件建模模拟外，还借鉴大型水利工程的做法，利用相似性原理搭建了一座缩小仿真试验台。经模型实验结果与软件仿真结果比对，结果保持了高度一致性，为工程方案的制定提供了强有力的支持。

中继能源站的换热器具有温差大、端差小、承压高的参数特点，设计人走访10余家换热器企业，从运行效果和造价两方面对比了可拆板式换热器、半焊板式换热器和板壳式换热器的技术方案，在院内专家的指导下，首次提出了3级可拆板式换热器串联的技术方案，获得了良好的运行效果。

3.3.3 施工单位质量管理创新

1）质量目标及管理措施

项目开工即确立了创建“国家优质工程金奖”的质量目标，建立了完善的质量保证体系和管理制度，组建项目质量管理组织机构，成立项目创优团队，明确责任，责任落实到人。坚持策划先行，样板引路。施工过程严把技术质量关，执行标准化工艺，注重细部做法，强化过程一次成优。针对一些关键工序，成立了QC小组，有力保证了关键部位的施工质量。

2）质量预控措施

施工前，根据工程特点编制针对性的质量计划，并做到四定：定目标、定时间、定责任、定措施，公司与项目部签订责任状。施工中每道工序质检员跟踪检查，项目部抽查，达到要求后方可进行下道工序的施工。以工序质量保证分项工程质量，以分项工程质量保证分部工程质量，以分部工程质量保证子单位工程质量，最终确保单位工程质量优良率。

3）组织措施

（1）强化质量三检制，确保质量检验的准确性、可靠性。

（2）每个操作者要树立质量第一的意识，树立创优意识，精心操作每一道工序，纠正凑合观念，杜绝不合格产品，争创一流优质产品。

4）技术措施

（1）加强技术管理，认真贯彻执行各项技术管理制度。

（2）施工中严格执行各项规范、工艺标准、质量验证标准及公司发布的质量管理程序文件，以保证每道工序处于受控状态。

（3）施工过程中坚决杜绝质量通病，制定消除质量通病措施。

（4）施工中做好质量记录及技术档案的收集、整理工作，做到资料与工程同步，且要及时、齐全、真实，竣工时提交完整的竣工资料。

3.3.4 基于BIM技术应用的信息管理

在太古供热工程中大量应用了BIM技术，在场地布置、工艺模拟、方案比选、深化设计、碰撞检查和进度管控等方面均取得了较好的效果，有力地保证了工期、降低了施工成本、提升了工程质量管理水平和施工效率。

3.3.5 应用远程监控系统

借助于远程监控系统和集团内部的信息网与控制网有效地连接起来，实现对施工过程质量情况的随时掌握，把施工生产运营状况同集团的经营管理策略紧密结合，建立网络范围内的监控数据。通过远程监控可以实现现场运行数据的实时采集和快速集中，获得现场监控数据，施工管理人员无须亲临现场就可以监视并控制施工过程的各种状况，提高了管理效率，保证施工质量。

4 工程质量管理制度、质量管理流程及质量管控措施

工程质量管理坚持“1353”的管理模式：

（1）“1”是牢牢坚守质量管理主线，全面贯彻“专心专注、精心精品”的质量理念，以一流的质量标准严格要求，以一流的管理规范现场，以一流的回访服务用户，通过创优质工程、创精品工程，使山西安装的社会信誉度、用户美誉度得到不断的认可和提高。

为确保质量理念能够贯彻落实，质量管理有据可依，质量管理积极性本质提高，项目部根据集团相关制度要求，制定了《样板引路管理制度》《技术交底管理制度》《举牌验收管理制度》《质量管理奖罚制度》等12个项目级的质量管理制度，推动质量管理活动规范运行。

（2）“3”是构建“点-线-面”【集团公司、工程（子）公司、项目部】三级管控体系。“以点带动”，抓好集团技术质量部建设，发挥平台效应，做强技术引领和质量基础管理工作。“串线发展”，依托内外部技术专家、科技委等各专业委员会，对项目提供技术支持和帮助，构建“技术总工-技术专家-技术质量副经理-项目技术负责人”线条管理，实现精准对接，逐级发挥作用，有效开展技术质量管理工作。多领域、多专业协同创新的“扩面增效”，形成“总工程师领导、技术质量部主导、工程（子）公司主抓、依托项目为实施主体”的全面质量管理体系。

太古供热项目既是山西省重点民生工程，又是创国优金奖工程。集团技术质量部按照“三年滚动、月度推动、专家咨询、过程督导”的原则，每月召开项目创优工作推动会，组织集团内外技术专家赴项目进行创优指导，切实解决项目在建设过程中遇到的难点、堵点。

（3）“5”是严格五个过程（目标管理、精细策划、过程管控、阶段考核、持续改进）。

①目标管理：以目标为导向，以项目为载体，围绕创“国家优质工程金奖”的质量目标，工程公司与项目部全体人员签订质量管理责任状，将目标分解到项目各部门、各岗位，确保“人人肩上有担子、个个身上有责任”。同时，项目部划分了详细的质量验评内容，确定检验、检测方法及检测设备的配置，建立质量控制点清单，制定细致的质量控制措施。

②精细策划：坚持策划先行、样板引路，太古供热工程建设几乎囊括了目前供热管线所有高难度敷设方式，根据本工程质量目标和特点、难点，项目部精心编制创优策划并报工程公司、集团进行审核。重点抓好隧道内、过河段等主要部位管道安装与焊接的质量控制，加强混凝土屋面、钢结构厂房、设备基础、管道设备、电气仪表等细部节点、影像资料和工程资料等方面的策划，编制样板实施计划和质量通病预防与控制措施，严格监督创优策划的实施和纠偏，充分发挥科学策划的引领作用。

在策划上，做好五个严把：一是严把人员入场关，管道焊接人员等特殊工种要检查持证情况，在通过入场考试后方能进入现场施工；二是严把样板验收关，从测量设备、试验检测、物资管理、实测实量、不符合项处理等方面做出明确规定；三是严把方案交底关，建立“基于BIM的施工方案与技术交底库”，提高交底的质量与效率；四是严把过程验收关，以标准做法和验收标准为基础，做好作业人员自检、同组人员互检、质检人员专检；五是严把考核关，每个细部节点按照要求对材料、工具、工序、工艺方法、控制要点、质量要求、做法详图和实例图等进行施工，推进质量管理过程标准化考评，促进细部节点一次成活。

③过程管控：强化过程监督，确保一次成优。依靠长效监控、信息协同、风险防控三项机制，高标准、严要求、强落实推进质量工作，加强质量工作的全过程管理，依靠大数据、信息化、智能化等先进技术手段及时发现并解决质量问题。

强管理团队、开质量例会。加强质量管理团队建设，明确责任，尽职尽责。定期召开质量动态专题会议，分析质量问题；采用BIM+质量管控的方式，将模型与质量管控点关联，方便现场施工人员及关联人员能迅速找到问题点，进行高效率监督管理。

抓验收流程、建验收台账。明确项目部自检－互检－专检－监理四级质量验收流程，建立过程质量验收台账，记录各级验收通过次数，并对监理四级验收一次通过的管理人员实施奖励。

定工艺标准、做样板引路。根据质量分解目标，制定各分部分项工程工艺标准，在分部分项工程开工前，实施样板引路。

抓实测实量、推举牌验收。传承“严谨、耐心、专注、坚持”的工匠精神，深入开展实测实量工作，各级验收前要认真核实过程记录。大力推广举牌验收制，在工程关键工序、关键部位隐蔽工程验收时推广举牌验收，实现质量责任可追溯。

④ 阶段考核：通过开展日常监督检查、专项检查、月度检查、综合检查等方式，实现对工程质量全方位、全过程管理。通过“三级管理”共享质量信息，推广质量管理亮点，通报存在问题，创建“质量安全基金”对质量标杆管理人员进行阶段考核与奖励，进一步激发项目人员参与质量管理、工程创优的热情。

⑤ 持续改进：坚持领导重视、全员参与，从“质量策划、质量控制、质量检查、质量改善”维度开展PDCA循环，进行全过程的质量管理。定期组织质量观摩活动，召开质量大讲堂，营造“人人关心质量、人人重视质量”的氛围。以“提高供热管道大口径阀门一次焊接合格率”等为研究课题，广泛开展全面质量管理QC小组活动，提高全员质量意识。

（4）“3”是“三力管理”：一是“能力管理”，集团和工程公司两级举办针对性强的专业培训学习，鼓励项目人员参加集团与外部协会组织的各项创精品工程交流会，参与集团科技委组织的方案论证会，在有效解决疑难杂症的同时活跃创建质量精品的氛围，起到引领和带动作用；二是“压力管理”，建立健全考核机制，强化考核结果运用，切实调动技术人员的工作积极性；三是“动力管理”，以比武竞赛、观摩学习、技术培训等多种形式的交流活动为抓手，不断提升技术人员的综合素质和专业技术水平，为企业战略落地提供人才保障。

5

工程绿色、节能、环保措施

本工程本身即为节能环保项目，全面考虑节能、减排、环保、降耗，将绿色设计和施工贯彻到底，项目建成后替代燃煤锅炉和太原一电厂，每年可节约标煤93.1万t，节电5700万度，节水2964万t，减少二氧化碳排放量244万t，减少二氧化硫排放量4.8万t，减少氮氧化物排放量2.4万t，减少粉尘排放量2.1万t，环保效益十分显著。

本项目在规划和制定方案阶段就进行工艺、建筑、结构、设备一体化设计，全面考虑节能、环保、降耗，将绿色建筑和绿色工业厂区的设计理念引入设计和施工之中。厂区总体布置满足城市规划、工艺流程及生产管理的要求，功能分区明确，在满足使用功能要求下，进行用地利用率最大化布置，通过充分使用地上建筑空间和合理规划地下管线达到节地的目的。道路网采用环状布局，竖向布置采用平坡式布置，减少场地的土方填挖。厂区、绿化采用草坪、灌木、乔木配合的复层绿化法，以取得较好的绿视效果。

建筑选用的彩钢板、蒸压加气混凝土砌块、中空玻璃等建材保温隔热性能优良，均可回收再利用，且采购方便，达到当地建筑节能计算的要求。工程大量采用了自然采光系统和自然通风系统，厂房布置选取采光、通风、景观良好的东南向和南向，避免了西晒及北侧生产车间噪声干扰，利用低窗进风高窗排气实现自然通风。

建筑外围护采用节能构造，外墙采用聚苯乙烯泡沫塑料板，降低建筑能耗。

选用节能型干式变压器、高压变频电机、空调、灯具等设备均为节能型产品，降低能耗。

太古供热项目充分挖掘电厂余热，采用多级串联梯级余热回收工艺，提高能源利用率，显著降低能耗，与常规热电联产方式相比供热能耗降低约50%。

设计采用大温差供热技术，提高管网的输送能力（传统热网需要4供4回共8根DN1400管道，大温差技术采用2供2回共4根DN1400管道），大幅节约管材和设备投资。

管线穿山选择隧道方案，避免了盘山敷设对植被大面积破坏，减少水土流失。

中继能源站采用串并组合的阵列式隔压换热系统，使换热端差小于5℃，实现换热效率最大化。

施工过程中全面落实生态保护措施，建立监测数据库，动态掌握施工影响。施工现场严格实施六个100%，采取环境风险防范措施、在材料运输和堆放区域设置喷淋降尘等措施，有效防止扬尘对大气污染；施工材料分类堆放，废旧物资尽可能回收利用；加强现场施工质量控制，严格控制返工率和废品率；充分采用新工艺、新技术和新材料，实施技术节约措施，达到节约材料、降低成本的目的。

供热管线具有管径大、长度长、水容量大的特点，在施工中采用试压用水回用绿色施工技术，充分利用中继能源站既有的泄放水池和隧道内海拔高差，采用分段和分系统试压方法将试压水重复使用，该技术在降低施工成本的同时可节约大量水资源。

工程荣获绿色建造设计一等成果和中国节能环保专利一等奖等奖项。

6

工程实体质量水平

本项目建成后向太原地区供热，至今已运行四个冬季供暖期，各系统运行良好，各项指标均满足设计要求，使用单位非常满意。本工程整体工艺精湛，质量精良，主体结构内坚外美，机电系统运行平稳可靠。

隧道内管道排列整齐，保护层美观大方；高架钢桁架桥加工精致，做工考究，拼装规范（图5、图6）。

图5　管道排列

图6　高架钢桁架桥

场站厂房造型简洁大方，钢结构制作规范，安装定位精准，拼装整齐划一（图7、图8）。

图7　场站厂房

图8　钢结构

彩钢板屋面搭接严密，坡度一致，排水顺畅；混凝土屋面坡向正确、分格合理，雨水口精细美观（图9、图10）。

环氧自流平地面，表面平整、色泽一致；设备基础棱角顺直，倒角人性化设计（图11、图12）。

图9　彩钢板屋面

图10　混凝土屋面

图11　环氧自流平地面

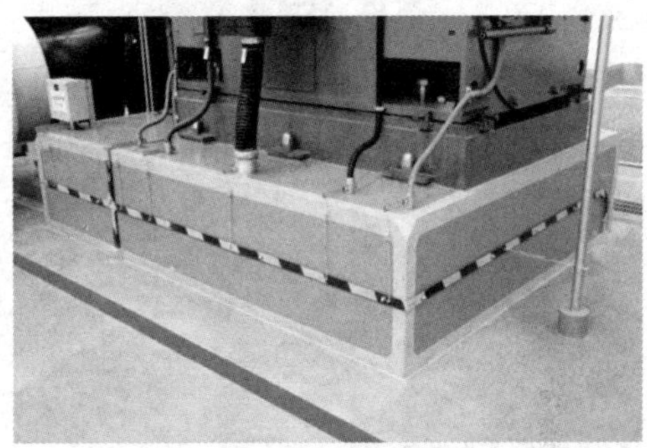

图12　设备基础

中继能源站90台换热器成排成列，安装精度高；循环水泵安装牢固，运行平稳（图13、图14）。

图13　换热器

图14　循环水泵

管道布置错落有致，标识清晰，流向指示正确；保温密实，收口精细，美观大方（图15、图16）。

配电柜排列整齐，接线有序，防火封堵严密；控制系统自动化程度高，实现供热源网荷智慧管控和远程监控（图17、图18）。

工程荣获“中国安装优质工程奖（安装之星）”“全国化学工业优质工程奖”“中

图15　管道布置

图16　保温

图17　配电柜

图18　控制系统自动化

国建设工程鲁班奖 ”“国家优质工程金奖”和“全国市场质量信用A等用户满意度工程”AA级。

7

工程社会经济综合效益

太古供热项目单体供热规模之大、输送距离之远、高差之大、地形之复杂均开创了世界供热史上的先河。

项目建成后替代燃煤锅炉和太原一电厂，节能和环保效益十分显著，而综合供热成本仅与燃煤锅炉相当（39元/GJ），相比于“煤改气”，四年共节约供热成本43亿元，减少天然气消耗28.1亿Nm^3，在不增加百姓经济负担的情况下实现了清洁供热，取得了显著的经济效益。

太古供热项目荣获中国智慧供热高峰论坛“智慧供热优秀案例”和清华大学“北

方城镇供暖节能最佳实践案例”，受到媒体、国家部委和全国供热行业的高度关注，中央电视台、中国建设报、中国能源报等多家媒体对该项目进行了专题报道。累计接待来自国家能源局、国家发改委、住房和城乡建设部、科学技术部和生态环境部等国家部委，以及北方地区全部15个省市的政府部门和热力公司共2400余人次；接待来自包括大唐、华能、华电、国电、国家电投5大发电集团的电厂共300余批次。该项目受到国际供热行业高度关注，国际能源署多次来项目参观并进行了技术交流。太古供热项目已成为长输供暖示范样板工程，在该项目的示范带动下，石家庄、银川、济南、西安等北方地区多个城市迅速启动了大温差长输供热工程，供热面积达11.2亿m^2，由此掀起了供热行业的一场革命，全面推广每年可节约1亿t标煤，节能减排潜力巨大。

创新创效树标杆　高质量建设西部陆海新通道

——广西新发展交通集团有限公司巴平高速质量管理创新案例

引言

当前，高质量建设交通强国、高水平建设西部陆海新通道是广西交通工作的重中之重，建设平安百年品质工程正是建设交通强国、构建现代化综合交通运输体系的本质要求。天峨（黔桂界）至北海高速公路（巴马至平果段）（以下简称巴平高速）以习近平总书记关于全力打造"精品工程、样板工程、平安工程、廉洁工程"重要指示精神和2019年中共中央国务院印发的《交通强国建设纲要》为指引，在工程建设中深入开展"平安百年品质工程"示范项目建设，推进精品建造和精细管理，构建现代化工程建设质量安全管理体系，创新创效树标杆，全力打造以优质耐久、安全舒适、经济环保、社会满意、自然和谐为主要特征的高品质西部陆海新通道高速公路。

项目概况

2.1 工程概况

巴平高速是国家西部陆海新通道及《广西高速公路网规划（2018—2030年）》对接贵州的省际通道"纵10"天峨（黔桂界）至北海高速公路的重要组成部分，被纳入G7522贵阳至北海高速公路国家公路网规划范围，是广西壮族自治区重点建设项目。项目主线长75.08km，双向六车道，设计速度为120km/h，路基宽为34m。设5处互通，2处服务区，3处收费站，同步建设永州连接线及支线共18.4km。隧道12座，桥隧比34.01%。于2020年12月开工建设，批复建设工期36个月。

巴平高速的建设是贯彻落实广西壮族自治区“三大定位”的重要举措，对推动左右江革命老区振兴、国家进一步实施西部大开发战略、打造中国-东盟自由贸易区升级版、加快构建西部陆海贸易新通道具有重要意义，同时为广西加快构建“东融、西合、南向、北联”的全方位开放发展格局提供有力的交通支撑。

2.2 工程特点与难点

巴平高速为广西壮族自治区内首条一次性新建的山区六车道高速公路，路线穿越桂南方山岭重丘区，山高谷深、地质复杂，具有典型的重丘地形特征，存在地形地质条件复杂、超宽群隧和高边坡高填方密集、征迁协调任务繁重、生态环境敏感点多、填挖数量大五大工程特点、难点问题。

2.2.1 地形地质条件复杂，建设质量管控要求高

项目沿线存在连绵、起伏的山丘，具有深谷和较高的分水岭，山势陡峭，以剥蚀侵蚀丘陵地貌和岩溶峰丛洼地地貌为主，路线区域分布较多的不良地质，主要为滑坡、崩塌、顺向坡以及岩溶。不利的地形地质环境，对材料、构件、连接、结构的耐久性和质量管理控制提出了更高的要求，质量和品质管控风险凸显。

2.2.2 超宽群隧和高边坡高填方密集，安全快速施工难度大

全线共设置隧道12座，单洞总长22.08km，隧道开挖断面为三车道大断面，最大开挖宽度达21.9m。隧道断面大、围岩稳定性差，偏压、浅埋等不良地质较多，Ⅳ、Ⅴ级围岩占总长比97%。项目全线隧道Ⅲ级风险的有11座、路堑高边坡Ⅲ级风险的有38个，隧道安全快速施工是本项目最大的难点。

2.2.3 征迁协调任务繁重，集约节约用地要求高

项目沿线旅游景点分布较多，村镇分布密集，土地资源附加值较高，且项目为六车道高速，建设用地及临时用地与地方村镇用地矛盾十分突出；红线范围内人文旅游、生态旅游等地域特色产业发达，征地拆迁难度较大，要求尽可能集约节约用地、减少土地占用。

2.2.4 生态环境敏感点多，环保控制要求高

项目沿线地貌主要以岩溶峰丛洼地地貌和剥蚀侵蚀丘陵地貌为主，线路经过多个生态环境敏感地区。项目所经地包含2个国家级水土流失重点治理区，1个自治区级水土流失重点治理区，1个县级自然保护区，跨越3个水源地二级保护区，4个生态功能区。本项目水土流失防治执行建设类项目一级标准，环境保护和水土保持要求高。

2.2.5 填挖数量大，土石平衡任务重

巴平高速为新建的山区六车道高速公路，高填深挖路段多，其中高填路基124处、深挖路基90处，取土和弃土量较大，跨桥调运难、隧道弃渣多，土石方调配和平衡任务艰巨，易对沿线生态环境和自然景观产生不利影响。

全面质量保证体系及管理措施

3.1 筑牢根基，推动全面质量管理体系落实

巴平高速结合新发展集团定位和项目特点，立足高质量建设国家西部陆海新通道的政治站位，在项目筹备之初即谋篇布局，推动全面质量管理体系的落实。

（1）打造学习型、服务型、有底气的管理团队。落实导师带徒，发扬“传、帮、带”优良传统，帮助新员工成长成才。通过开设“三人行”讲堂、工地大课堂、管理人员专业技能考试、观摩交流会等形式，打造出一支学习型、服务型、有底气的管理团队。

（2）对标一流，提升质量意识。对标行业一流，研精毕智，以安全、质量、进度、信息化、绿色环保、“建管养一体化”为大前提，总结提炼出“十大施工理念”。对路基、路面、桥梁、隧道、房建、景观绿化六类高速公路建设的各个方面，推出固化的工艺或设备要求全线统一标准、贯彻执行。通过对全体参建人员的宣传、培训、学习，使全线上下形成思想一致、步调一致、方向一致的发展格局，筑牢质量品质管理的根基。

（3）夯实主体责任，强化履职担当。项目通过举行品质工程创建启动仪式，全线

成立品质工程先锋队，夯实质量管理主体责任。建设单位对工程质量管理负责；监理单位落实工程质量安全监理报告制度，发挥社会监督作用，对工程质量负监理责任；施工单位加强全方位、全过程质量管理，对工程施工质量全面负责；检测单位严格材料、产品的检验，对工程实体质量进行抽检，对试验检测结果负责。同步启动“战区管理”模式，授予监理单位质量品质督战员权力，推动参建各方履职担当，奋发向上。

(4) 坚持以人为本，推进质量文化建设。项目推行“背包文化”，塑造参建者的良好形象。通过组织到优秀项目观摩学习、召开质量提升宣贯培训、举办职业技能竞赛、开展专业知识考核、邀请业内专家现场指导和授课培训等一系列活动，提升质量管理水平。开展最美工程师、优秀管理团队、优秀施工班组等评奖，形成了全员参与精益质量管理的良好氛围。推行产业工人培育，设置“工人馨村”实现对一线工人集约化管理，将党建工作、企业文化、技术培训教育等引入“工人馨村”，从上至下提升施工班组的技能水平和综合管理能力(图1)。

图1　巴平高速“工人馨村”

3.2 建立健全管理体系，构筑质量建设强大合力

为有效指导、规范工程质量品质的建设，做到质量管理有章可循、有据可查、有人负责，有人监督，全力提升工程质量水平，巴平高速构建了完善工程质量监管体制、质量保障体系，形成质量建设的强大合力。

(1) 落实质量终身责任制。全面落实参建各方主体及项目负责人的工程质量责任，强化建设单位工程质量首要责任和勘察、设计、施工、监理、检测等单位主体责任，全面推行质量管理关键人责任登记制度，强化质量责任追溯追究机制。

（2）建立健全质量管理制度。项目制定了工程管理制度35项、安全管理制度33项，编撰图文并茂的《施工标准化作业指导手册》和《安全标准化管理实施技术指南》，针对绿化、隧道检测、混凝土外观处理等单独出台质量管理办法，适时下发《关于加强路基工程路床填筑施工质量管理的通知》等各类质量管理文件要求，明确高标准质量要求。

（3）强化组织领导。建设初期即成立质量管理、绿色公路创建、质量安全红线行动等各类领导小组，并根据项目品质提升需要，成立隧道二衬混凝土品质提升管理小组、房建工程管理专班、路面示范创建中心等，切实加强工作组织领导，有力有效抓好措施落实。

（4）配齐配优管理人员。针对超宽群隧和高边坡高填方密集等技术难题，指挥部分专业设立隧道、路基、桥梁工程师；监理单位配置专职隧道副总监、质量总监；施工单位配置隧道专职副经理、质量总监，将副总工纳入质检体系，并成立独立于项目经理部的质检部，按照招标文件要求配置质检工程师；设计代表配置地质工程师，打造高素质管理团队，为质量管理、品质提升提供内生动力。

3.3 强化质量过程管控，实施精细化管理

对施工过程工程质量实施精细化管理，建立“实施有标准、操作有程序、过程有控制、结果有考核”的标准化管理体系，以规范施工现场管理行为、提高施工质量管理水平、确保工程内实外美、达到质量管理品质提升的要求。

（1）推行“预防为主、持续改进、全员参与”的全面质量管理。加强设计符合性检查评价，实施成品及半成品验收标识、隐蔽工程过程影像管理等，强化质量闭环可追溯。积极应用先进检测技术和装备，建立质量安全信息化动态管理平台，加强过程质量安全监控与预警，推进质量风险预防管理。

（2）强化原材料与产品管理。加强原材料的料源、材质、加工工艺、稳定性、保管、质检等关键环节的控制，建立沥青、路面集料填料、减水剂等与质量关系重大的材料或产品的准入监管机制。

（3）强化“首件认可制”。推行“工程质量首件认可制”“安全首件工程认可制”“班组首件认可制”，以首件工程为抓手，全面落实质量安全生产标准化要求。

（4）严格落实“三检制”。将“三检制”贯彻到整个施工过程中，把施工现场质量管理工作的重点从“事后把关”转移到“事前控制”，做到防检结合，实行对工序严格把关。

（5）建立质量责任标识制度。明确各分部、分项工程及关键部位、关键环节的质量责任人，建立施工过程质量责任标识制度，在相应部位设置施工现场质量责任铭牌或二维码标识，实现质量责任可追溯。

（6）建立质量通病治理机制。以治理质量通病为切入点，破解制约质量提升的“瓶颈”；强化技术方案对质量通病治理的支撑作用，在施工过程中着力解决边坡垮塌、路基沉陷、桥头跳车、隧道漏水等多发易发的质量问题，并避免其在运营阶段继续发展。

（7）强化现场质量的引导和监管。推行成熟先进的工艺做法，从源头上降低通病的发生率；制定检查清单，通过环环相扣的不间断巡查、抽查加强质量管控；抓好环节管理，发现问题，第一时间实施追责处理，确保质量检查治理的效果。

3.4 推进“建管养一体化”建设，提升工程建设和运营服务品质

坚持“建管养一体化”，强化预防性养护工作，实现建设与运营维护相协调，着力构建高速公路路况水平更加优良、安全应急保障更加有力、管理水平更加高效、管养系统更加智慧、服务水平更加优质的高速公路交通网络。

巴平高速充分利用集团公司“建管养一体化”管理平台的优势，积极适应新形势下高速公路“建管养一体化”管理需求，推动养护管理监测设备与交通基础设施同步建设，提升全寿命感知水平。在建设施工过程中与今后的管养单位（运营中心）签订了“建管养一体化”合作协议。运营中心委派6名专职人员到项目参与路面、房建、交安、机电、绿化等工程施工管理，针对建设过程出现的问题，及时提出意见和建议，并积极参与项目验收工作。双方约定在建设施工过程中充分考虑运营养护需求，提升运营养护便利性以及养护质量，建立建管养技术衔接、需求统一、队伍一致，真正实现三者一体化。

3.5 引进专业咨询机构，提高质量管理水平和效率

引进专业的第三方全过程咨询机构，将日常监控检测和技术服务功能有机地结合

在一起，充分利用第三方技术优势，对施工、监理单位进行管理、指导，同时赋予纠偏的职责和权力，发现问题能及时分析、研提措施、跟踪落实，协助项目开展质量安全督查等日常管理工作，大大提高了工程建设质量安全整体管理水平和管理效率。

巴平高速为实现创“国优奖”的质量目标，与中国施工企业管理协会签订全过程质量控制管理咨询合同，邀请专家组到项目开展全过程质量咨询评价工作，提供专业性、权威性指导帮助，促进项目工程质量长足提升；引进交通运输部公路科学研究所作为平安百年品质工程创建咨询单位，为项目创建平安百年品质工程提供技术支撑；特聘专家成立大断面隧道施工专家指导组，对大断面隧道施工技术、组织、工艺、创新及安全生产等进行指导，保障隧道施工平稳推进。引进广西安全研究中心为第三方安全咨询机构，对项目安全管理进行全过程咨询服务指导，护航施工安全；引入广西交科集团为路面咨询单位，全过程参与原材料质量把控、路面各结构层施工质量控制等方面工作，提出质量提升的管控要点，解决现场突发技术问题，有效提高路面使用耐久性和行车舒适性（图2、图3）。

图2　专家组到项目开展全过程质量咨询评价工作

图3　交通运输部公路科学研究院专家到项目调研指导

3.6 构建管理新模式，促进工程实体品质提升

巴平高速围绕高速公路质量提升目标，创新管理思路，探索形成了项目特色管理模式，致力于打造“内在质量优、结构功能全、使用寿命长”的工程实体。

路基工程实行建设运营全过程监测监控管理。项目高填方采用沉降位移监测技术，高边坡采用公路边坡自动化智能监测技术，建立预警平台，在公路建设及运营期，提供和发挥更加科技、及时、安全、可靠、全天候、高精度的监测预警服务，保障路基施工品质和守护公路安全（图4、图5）。

图4　边坡GNSS自动化地表位移监测站

图5　边坡落实监测工作，绿化整体形象好

桥梁工程推行标准化预制安装体系。项目预制梁场按标准化设计建设，大梁生产工厂化、流水线式管理，严格模板准入，从首件认可和质量预控上严抓严管，保证箱梁外观品质优良，内实外美，进而推进品质桥梁创建。

隧道工程实现“全场景”台车化施工管理。项目致力于隧道全工序机械化施工装备的研发应用，陆续推出成套智能装备，将传统“隧道九台套”拓展至特大断面隧道“全场景”台车化施工，助力大断面隧道施工更安全、更经济、更高效，最大化提升隧道施工品质。

路面工程建立全过程咨询跟踪管理模式。项目路面管理引入第三方咨询单位，咨询技术人员全过程参与原材料质量把控、路面各结构层施工质量控制等方面工作，提出质量提升的管控要点，解决现场突发技术问题，确保路面品质，有效提高使用耐久性和行车舒适性（图6）。

图6　沥青路面施工

4

项目管理创新之“巴平建设模式”

4.1 以“三大创新”探索现代项目管理模式

4.1.1 创新建设理念

巴平高速是聚焦西部陆海新通道、交通强国、交通强区等国家、区域发展战略的重大支撑项目，指挥部围绕品质工程的本质内涵，即“一个追求、四个目标、六个具体内涵”，提出了“建陆海通道，造‘好’‘快’巴平”的建设理念，其中“好”“快”涵指党建引领好、建设理念好、工程品质好、谋篇布局快、项目推动快、员工成长快的“三好三快”，“先好后快”持续追求，以服务国家战略的政治责任感和建设交通强国的使命担当精神，高标准、高要求打造平安百年品质工程，全力以赴建设一条又好又快高速公路。

4.1.2 创新管理方法

充分利用北投集团“全产业链”的优势，提前引进各参建单位介入前期的设计、筹备工作。利用各参建单位对临时用地、场站选址、施工组织等丰富的现场施工经验，将以往施工中遇到的难题、初步设计中不合理的方案提出来，由各方协同研究、解决并优化，提前消除施工不利因素，避免质量风险。

在初步设计阶段，充分考虑片石供应及碎石加工问题，超前谋划，根据实际工程地质条件和征拆重难点，避开复杂地形，合理优化线路走向，有意识地将设计路线设置在经过部分灰岩地段，让施工单位在主线范围内可以爆破取石又无需设置隧道，既解决了片石供应及碎石加工的问题，又控制了工程造价，也有效把控了项目建设进度和施工质量（图7、图8）。

超前谋划征拆突破、品质提升、通车攻关三阶段建设计划，明晰各阶段建设重点及目标。征拆突破阶段，精准施策，引导推行征地工作“战区管理”机制，优化征拆管理模式，优质、高效地推进征地拆迁工作；品质提升阶段，抓住机遇，真抓实干，通过亮点、标杆落地以点带面，以模范的力量提升整个项目的工程品质；通车攻关阶段，厚积薄发，乘势而上，让项目在整体上均衡发展，顺利实现通车目标。

超前谋划各专业实施周期，推行关键制约性工程先行。重要涵洞通道、桥隧结

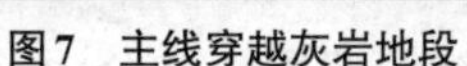

图7　主线穿越灰岩地段

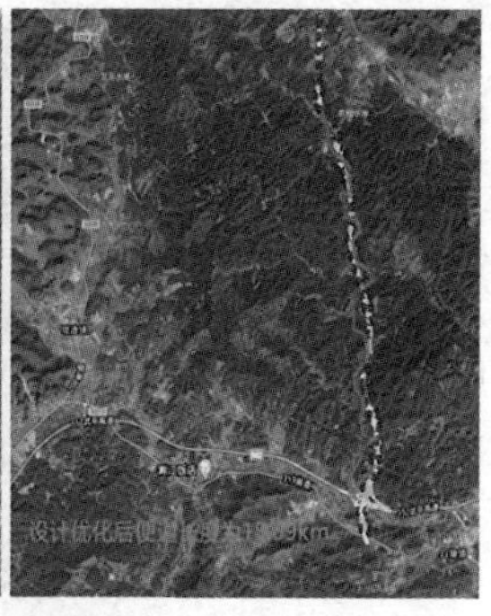

图8　施工便道优化

构物提前施工，为路基工程大面积铺开提供前提条件。利用一个大旱季，在雨季来临之前顺利完成80%以上路基土石方，大大地减小汛期对路基施工的影响；从桥梁建设的全局出发，优先施工桥梁大梁预制场所在的路基段，并在确保安全、优质的前提下，采取节点亮点激励措施奖励生产及架设第一片梁的施工单位，激发了创先争优的干劲。以服务区及收费广场等区域为土石方调配中心，为房建工程提供场地，全力打破制约项目进度的瓶颈。将大断面隧道作为管控的重难点，在守住安全底线的前提下稳步推进（图9～图11）。

图9　大干快干，抢抓旱季

图10　涵洞通道结构物先行施工

图11　服务区及收费广场土石方工程先行

创新节点、亮点奖励机制。指挥部按照激励先进、效益导向、合理调控的原则，创新地采用节点、亮点奖励机制，制定年度、季度节点目标奖励方案，从施工合同和监理合同的1%、3%实行优质优酬、优监优酬，以节点奖励保整体进度、用亮点奖励促质量提升。

4.1.3 创新征拆模式

高速公路征地拆迁工作有两种模式，其中一种是前一阶段比较普遍的“区市共建”模式的项目。这种模式下，地方政府承担征地拆迁补偿费用，并全面负责征拆工作，建设指挥部负责工程建设，较难深度参与征地拆迁工作，项目容易出现土地丈量、房屋拆迁进度缓慢，杆线迁改层层转包，工作不受控等情况。征迁工作进度往往与建设进度需求不匹配，影响施工生产推进。

巴平高速采用了新模式。在新模式下，征地拆迁的主体责任仍是地方政府，征地拆迁补偿费用全部由建设指挥部来承担。新模式下必须有新做法。指挥部提前策划，将极为重要又不可控的土地丈量、房屋拆迁、杆线迁改等滞后工作纳入业主委托，加强与地方政府换位式沟通交流，挂图作战引导地方政府推行“战区管理”，协调外部资源解决制约问题，同时优化服务赢得群众信任实现土地提前交付，压实各方责任“清单化”推进工作。采用新做法，把征地拆迁工作以最快的速度推进，为项目抢抓旱季、快速推进提供了充足的土地保障，为项目赢得充足的有效施工工期。

1）用地方面

（1）指挥长亲自主抓，加强沟通交流，凝聚共识，配合地方政府做好征地拆迁工作，成效显著。

（2）推广平果市政府推行征地工作“战区管理”机制，挂图作战，形成良好促进氛围，高效解决土地丈量问题。

（3）建设指挥部引入并管理第三方测绘单位，外业测量工作做到高效精准。

（4）自上而下，做好服务，同时发动筹备组、依靠筹备组，使筹备组受益，最终使所有参建者都受益，以最快的速度全方位解决遇到的各种问题。

（5）规范补偿款发放相关程序，补偿材料相对于资金支付完成率为100%，不存在无材料支付情况。

（6）精准施策，快速推进土地报批工作，成效显著。

2）用林方面

（1）利用特殊时期的特殊政策，及时完成先行用林报备，为项目合法使用林地打下坚实基础。

（2）积极主动推进用林报批工作，在规定期限内完成主线用林报批工作。

（3）加强对临时用林工作的监督，督促各施工单位及时办理临时用林手续。

（4）引进木材收购商，聘请专业砍伐的队伍，重点解决林木砍伐缓慢问题。

3）拆迁方面

推进房屋及地面附属物的拆迁问题采用两种模式。

（1）请专业测绘公司进行测绘，得出精确的数据，然后按县级相关文件进行补偿。

（2）指挥部通过与被拆迁户共同委托有资质的评估公司进行评估后补偿。对于高压杆线的迁改工作，指挥部把杆线迁移工作交由总包部来实施，压紧杆线拆迁的节奏。

4.2 以“六大举措”推进平安百年品质工程创建

4.2.1 践行十大施工理念

巴平高速对标一流、研精毕智，结合项目特点，总结提炼出“十大施工理念”，从思想上为平安百年品质工程创建统一战线（图12）。总结提炼十大施工理念如下：①路基“全断面施工”、路床“全断面交验”；②路基施工防排水先行、绿化先行；③高大边坡实行“开工许可制”和“挂牌负责制”，边坡“开挖一级、防护一级、绿化一级”；④服务区、梁场等制约性工程先行；⑤隧道“零开挖”进洞、“28项条件准入”进洞；⑥超前地质预报“双双印证”、监控量测“必测加选测”；⑦路面“零污染”施工；⑧机械化换人、自动化减人、智能化提效；⑨信息化管理、智慧化管控；⑩建管养“永临结合”施工。

图12　巴平高速十大施工理念

4.2.2 落实六类固化工艺

为推动理念落地，巴平高速通过借鉴以往高速公路建设经验，对于路基、路面、桥梁、隧道、房建、景观绿化六个高速公路建设分项，对路基填土填石、三背回填、预制场标准化建设、桥梁桩基环切、墩柱模板、隧道开挖、二衬、信息化建设等具体的施工内容，推出固化的工艺或设备，统一标准、按章施工，要求全线贯彻执行，从方法上为品质示范创建提供科学依据和技术支撑。在落实固化标准工艺的基础上，重点抓好路基沉降及边坡稳定、路面平整度及耐久性、桥涵耐久性及外观质量、隧道标准化机械作业线、绿化生态工程绿化设计质量、品种选择及施工同步性等方面的管控。目前全线工程品质优良，质量管理体系运转顺畅，标准化、规范化施工理念深入人心，文明化施工程度高。

项目位于桂西北山岭重丘区，山高谷深，高边坡高填方密集，岩质以砂岩泥岩为主，边坡自稳性较差。项目全面践行“开挖一级、防护一级、绿化一级”、防排水先行、绿化先行等理念，严格执行“开工许可制”和“挂牌负责制”，并引进长臂钩机、锚杆钻机、扩大头锚杆等先进设备，高效率、高质量、高安全度地完成了边坡开挖防护，全线锚杆格梁与拱形骨架线型顺直，外观质量优，绿化效果好（图13～图17）。

图13 边坡“开挖一级、防护一级、绿化一级”

图14 上下边坡防护、排水、绿化有序推进

图15 边坡挂牌负责制

图16 边坡锚杆钻机

图17　巴平高速永州互通绿化效果

项目针对高填方密集的特点，在填高大于10m的路段增加强夯和冲击碾压的加强措施，有效减少了工后沉降。严格按照“全断面、整公路验收”的原则验收路床，除正常的路床检测外，同步验收路基上涵洞、防排水工程，确保落实“全断面施工”理念，同时整公路验收对后期路面结构层施工提供便利条件，避免路面分段施工形成施工接缝，减少了路面病害发生（图18～图21）。

图18　路基台阶开挖

图19　路基强夯施工

图20　路基全断面施工

图21　路基全断面施工成型效果

面对隧道超宽、浅埋、偏压、透水、围岩地质差等一系列挑战，巴平高速践行“零开挖”进洞、“28项条件准入”进洞等先进理念，通过超前地质预报“双双印证”、监控量测“必测加选测”、实行特大断面隧道“全场景”台车化施工及管理创新等手段，严格管控、规范作业，实现了复杂地形地质条件下超宽群隧的质量安全优质施工（图22～图24）。

图22　隧道“零开挖”进洞

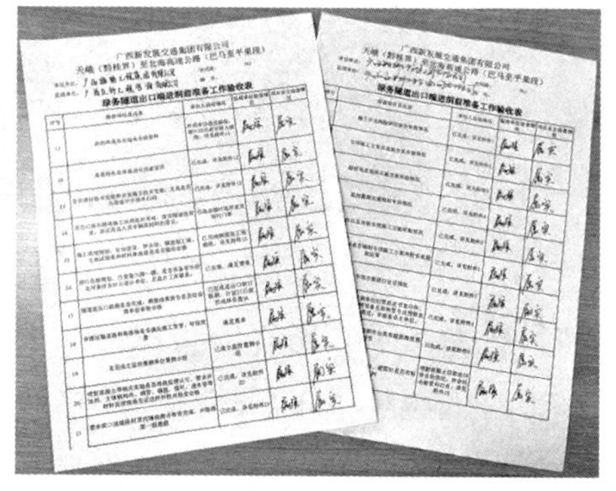

图23　“28项条件准入”进洞

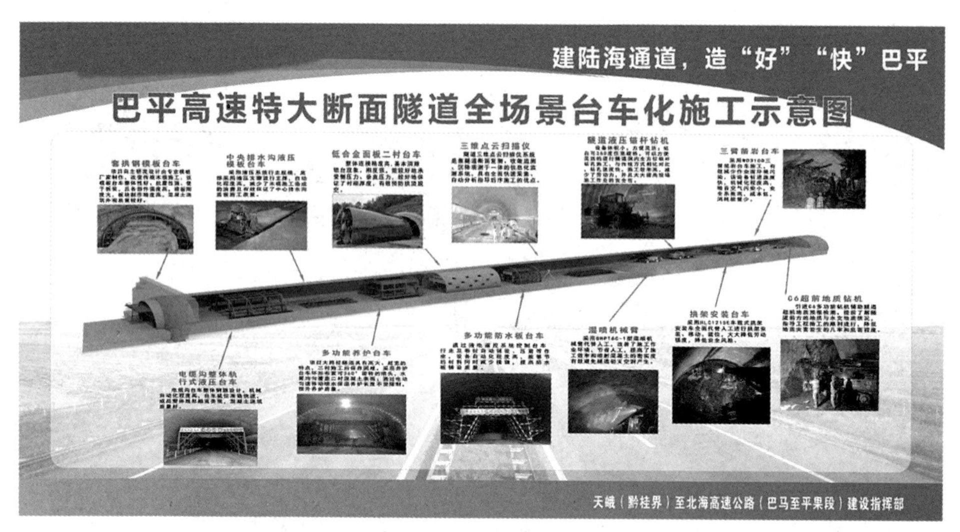

图24　巴平高速特大断面隧道“全场景”台车化施工

全线践行“梁场先行”理念，推行标准化预制安装体系。预制梁场按标准化设计建设，大梁生产工厂化、流水线式管理，通过实施首件工程为示范，不断改进配合比、工艺、工法等，提升工程质量安全管控的精细化、连续性、可控性，以提升大梁成品质量，外观呈现出“镜面”效果，内实外美，进而推进品质桥梁创建（图25～图28）。

图25　箱梁外观光洁、内实外美

图26　大梁预制场标准化建设

图27　桥面铺装采用激光超声波全幅摊铺机

图28　青山高架大桥

4.2.3 创建平安工地

安全生产是项目管理的根本，要深入贯彻习近平总书记关于安全生产重要论述精神，始终坚持以人为本、安全发展的理念，以“遏事故、保平安、促发展”为核心，统筹发展和安全。

巴平高速把生产安全和工程质量放在同等重要的位置，坚持质量与安全双轨驱动，推动项目持续稳定发展。一是以创建平安工地为抓手，从安全生产条件、安全生产责任、安全生产标准化、安全风险管控、隐患排查治理、应急救援管理六个方面开展项目平安工地建设，推进安全生产落实。二是以构建本质安全为落脚点，加强工程设计审查和安全评价，做好安全风险防范设计，加强影响工程结构安全关键指标的实时监测与分析，探索和应用智能预警技术，确保工程结构安全状态可知、可控。三是以推进“管”“监”责任落实为工作主线，从组织指挥、技术保障、资源配置、安全监督四个系统，逐步建立和完善安全“管”“监”责任落实体系、监督体系和考核体系，构建全员参与安全生产管理体系，使安全生产管理工作落到实处。四是健全“双控”

预防体系，推动重大安全风险管控和重大事故隐患治理清单化、信息化、闭环化动态可追溯管理。建立健全重大风险“五个清单”，重点卡控关键部位、风险级别高的工程施工安全，不断提升防范化解重大安全风险能力。五是严格落实安全生产专项整治三年行动、“坚守公路水运工程质量安全红线”行动、深化防范化解安全生产重大风险等专项行动要求，重点管控高墩桥梁施工、大断面隧道施工、桥梁架设等作业风险高的工程安全措施，有针对性地做好重点领域、重点部位、重点环节的安全隐患全面排查治理，促进安全管控体系持续有效运行。六是通过采取经常性巡查、不定期突击检查、专项检查、季度检查、盲区和偏远地区重点检查、同一部位或同类问题回头看、各单位交叉检查等多种检查方式，开展责任落实情况考核、督促全员履职尽责。七是加强安全生产基层、基础、基本功建设，突出重点工程部位、作业环节、重点时段和特殊环境安全管理，培育安全文化，促进项目安全管理能力提升，促使安全管控持续有效运行（图29）。

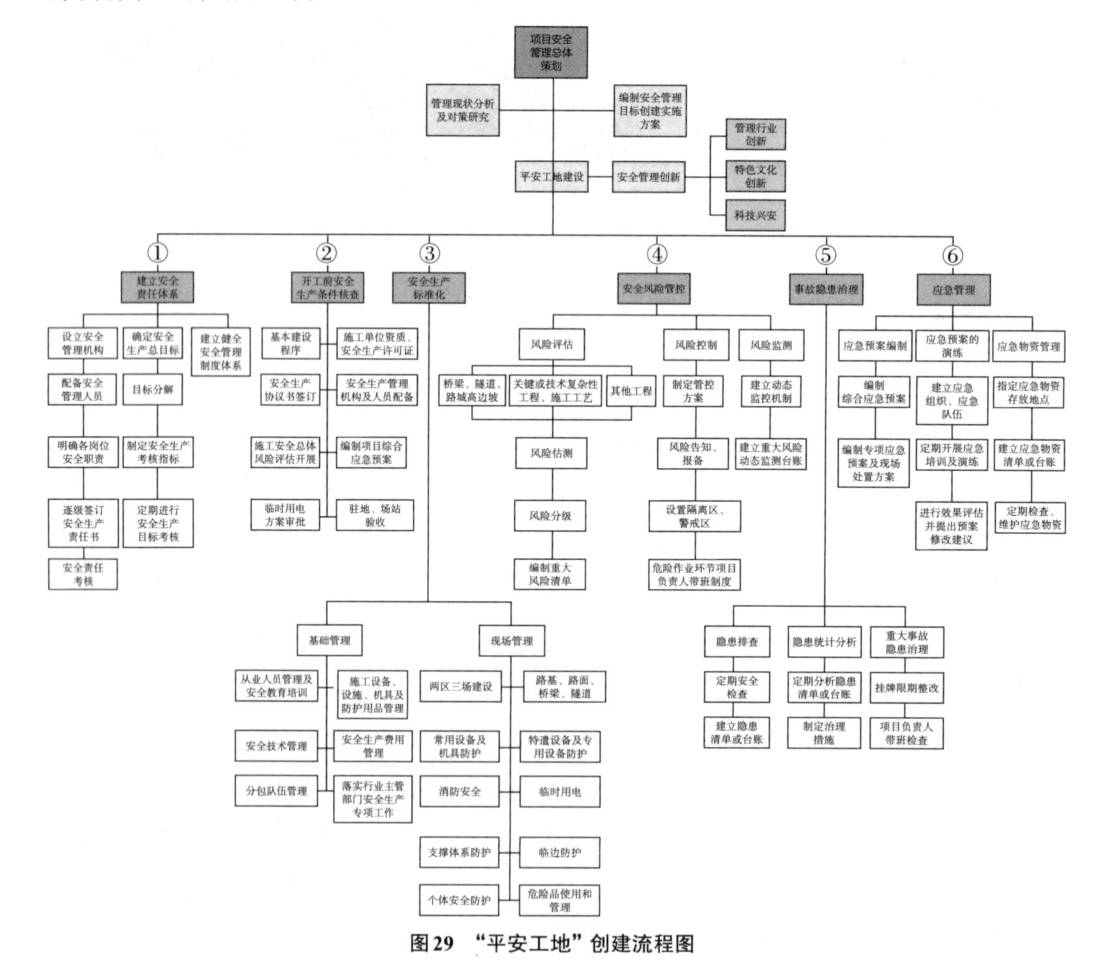

图29 “平安工地”创建流程图

4.2.4 强化设计引领

充分发挥设计在质量管理中的指导作用、龙头作用。一是贯彻全生命设计理念。依托北投集团全产业链优势，提早联合设计方、施工方，综合考虑征拆、原材料、临时用地等方面，避免后期大规模变更影响质量管理。二是执行标准化设计理念。减少梁型、小构件标准化，便于施工和管理，有利于提升工程品质。三是推行BIM正向设计。推进BIM正向设计，助力项目设计优化，提高决策能力、效率。四是落实重点工程专项设计。针对高边坡路堑，按工点来进行施工图设计，在施工阶段对高边坡进行“一坡一议”的动态设计；隧道设计根据隧道洞口的地形地貌、地质条件进行一洞一设计，贯彻“零开挖”理念。五是推行长寿命工程设计。高填方路基提出控制路基差异沉降、高陡路堤等特殊路段路基处理的技术要求和措施；隧道衬砌混凝土采用具有良好填充性能、抗离析性能和黏聚性能的自密实混凝土；路面材料采用橡胶沥青，以提升路面高温稳定性、抗疲劳性、抗水损坏性等性能（图30、图31）。

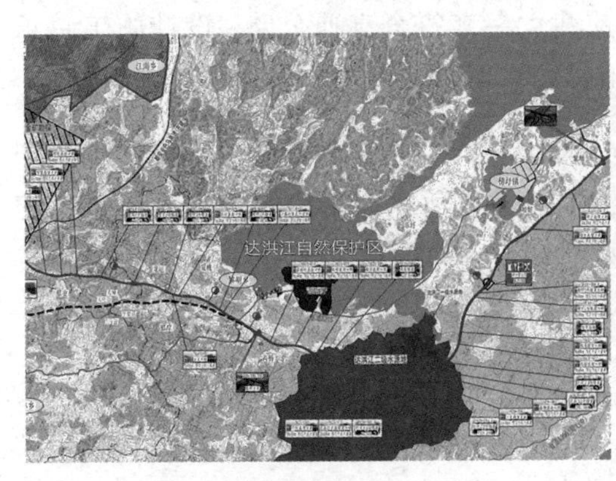

图30　生态选线绕过自然保护区

图31　BIM正向设计促填挖平衡

4.2.5 推行信息化建设

在技术创新上，信息化管理是重要的一环。巴平高速通过全面推进数控技术、互联网、5G、人工智能、超级计算等新技术应用，提升建设管理和建造技术的信息化和智能水平，大力开发智能管理信息平台和智能建造技术。通过建设巴平高速智慧管理中心，搭建“巴平高速智慧建设管理平台”、视频监控管理系统、智慧工地系统，实现施工现场数字化、在线化、智能化综合管理，提高施工现场决策能力和管理效率，探索高效的管理模式。

重点施工环节现场管理精细化水平低，建设环节质量取证困难。针对该项难题，巴平高速以计算机网络通信技术、视频压缩技术和硬盘存储技术为支撑，设计了远程视频监控系统，对各重要出入口、钢筋加工场、拌合站、隧道桥梁等重点结构物施工现场及交通导流处等必要位置实行无盲区监控（图32）。

图32　远程视频监控系统

当前高速公路项目管理普遍存在信息尚未互联共享、规范不统一、竣工档案管理滞后等问题，为规避这些问题，巴平高速建立一套符合高速公路“设计施工总承包”模式的项目建设数字化管理系统，实现投资、进度、征拆、合同、质量、安全、试验、档案等业务的统一管控，引入CA电子签名技术，实现高速公路内业无纸化作业新模式。同时，平台预留安全开放接口，通过简单适配即可快速集成第三方系统（OA办公系统、智慧工地系统等），实现全场景业务互联应用。

4.2.6 坚持创新攻关

巴平高速以建设难点、特点为突破点，针对山岭重丘区超宽群隧、高边坡等建设质量和耐久性提升目标，重点围绕项目“建管养一体化”、智慧、安全、舒适、绿色建造等方面开展科研攻关，致力于打造建管养安全科技示范工程，解决复杂地质地形和气候环境下，山区高速公路建设和运营安全管理难题。开展大断面软岩隧道施工安全关键技术等20余项科研攻关，有效解决富水砂性土层自稳力差，易塌方、冒顶等问题；提出扩大头锚杆+喷射植被混凝土绿色加固防护技术，有效解决炭质岩边坡植被生长困难、绿化覆盖率低、边坡不稳定的问题；开展公路高边坡多点约束型锚索加固理论、技术与监测预警，桥梁锚下预应力检测技术标准研究等多个方面的科技研究。

同时，贯彻落实“机械化换人，自动化减人”理念，项目推广应用“四新技术”与“三微改”80余项，场站引进数控钢筋锯切套丝生产线、剩料回收环保系统，路基工程引进变直径钢筋笼扩大头锚杆、液压锚杆钻机，桥梁施工应用箱梁液压内模、全幅激光超声波摊铺机，隧道施工应用中央排水沟液压模板台车、二衬液压模板台车，路面工程引进智能碾压技术、全幅摊铺机等，以一项项先进设备技术，强化科技创新的驱动与支撑作用，有效解决施工中存在的一些质量安全通病和顽疾，切实提升工程品质与效率（图33～图36）。

图33　变直径钢筋笼扩大头锚杆

图34　二衬液压模板台车

实用新型专利证书

图35　隧道一体式套拱台车

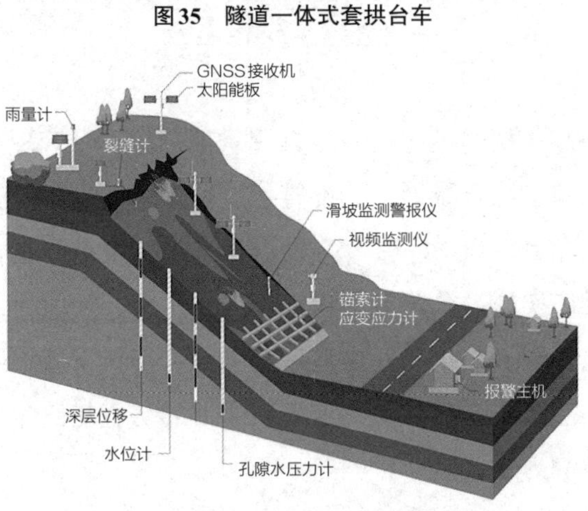

图36　边坡监测系统示意图

5

工程社会经济等综合效益

巴平高速开拓创新、探索实践，瞄准高质量目标、精细化管理，完善体制机制，推动现代工程质量管理的创新、实践和发展，以科学管理促进工程高质量建设，创新建设理念、管理方法，总结提炼“十大施工理念”，落实“六类固化工艺”，强化设计引领，推行信息化建设，以创新攻关解决瓶颈问题，探索形成了一套高效高质条件下高速公路的建设模式，构建了综合统筹、标准管控、覆盖全面的质量管理体系，有效提高现场各分项工程的工程建设质量，减少工程质量通病，提高施工效率，节约了工期和建设成本。项目有望较计划工期提前12个月建成通车，为沿线群众提供最大化的出行便利。同时，项目也取得了良好的社会效益，“巴平建设模式”得到了交通运输部专家、自治区领导、行业主管部门充分认可和高度评价。2021年10月，“巴平建设模式”在第四届全国公路平安百年品质工程论坛分享展示，项目先进经验做法走向了全国；2022年7月，巴平高速平安百年品质工程建设模式评选为2022年度广西交通运输创新典型案例。目前项目正在积极筹备第五届全国公路平安百年品质工程暨高质量建设西部陆海新通道高峰论坛，力求借助承办论坛机会，助力提升广西高速公路建设品质形象，助推广西建设交通强区。

6

结语

新发展集团巴平高速从建设之初便一直注重项目的质量管理工作，积极探索好法子、找出新路子，构建了综合统筹、标准管控、覆盖全面的质量管理体系。在具体的实施过程中，助推了项目建设“好”“快”发展，许多对策措施也在集团公司及其他同行项目建设中得到推广实施。公路工程建设管理信息化、智能化、科技化的变革日新月异，未来项目质量管理工作仍然任重道远。下一步，新发展集团将本着全寿命周期的建设运营理念，不忘高质量建设西部陆海新通道的初心与使命，持续为谱写新时代交通新篇章贡献智慧和力量。